Christopher Reusch

Das Buch der Angst

– Ein Leitfaden zum mutig sein –

ODER

– Wieso Angst ein Feigling ist –

© Christopher Reusch, Lüdenscheid 2021.
Verlag & Druck: Tredition GmbH, Halenreie 40-44 / 22359 Hamburg

ISBN: 978-3-347-40596-7 (Paperback)
ISBN: 978-3-347-40597-4 (Hardcover)
ISBN: 978-3-347-40598-1 (e-Book)

Durch unsere Taten werden Gedanken zur Realität

Widmung

Ich widme dieses Buch den Kindern. Den Kindern der Vergangenheit und den Kindern der Zukunft. Meine eigene Kindheit hat mir gezeigt, was ich ändern möchte. Die Kinder der Zukunft geben mir die Kraft, es umzusetzen.

Unsere Aufgabe ist es, den Kindern eine neue Welt voller Wunder zu konstruieren. Einer alleine vermag nicht viel zu erreichen. Durch mich dich und jede andere, Person die dieses Buch liest und mithilft, kommen wir unserem Traum ein Stückchen näher. Eine Welt, in der Kinder in Liebe aufwachsen. Eine Welt, in welcher wir gelernt haben, auf eine gesunde Weise mit unseren Ängsten umzugehen. Eine Welt, in der niemand komisch ist oder ausgegrenzt wird. Dieses Projekt wird Grenzen auflösen und eine neue Richtung aufzeigen.

Danksagung

An all diejenigen, die es ermöglicht haben, dieses Buch zu schreiben. Jede Erfahrung war ein wichtiger Schritt zur Vollendung dieses Werkes. Danke auch an jeden Menschen, der den Mut hat, sich selbst zu hinterfragen und sich seinen Ängsten zu stellen.

Zudem möchte ich mich gerne bei meiner Familie bedanken, da sie mich stets ermutigt haben, an mich zu glauben. Auch wenn wir alle so unterschiedlich sind, hätte ich es ohne meine Familie nicht geschafft, dieses Buch zu vollenden. Meine Eltern haben mir immer einen Ort gegeben, an den ich zurückkehren konnte Sie haben mich ermutigt und sie haben mir den Raum gegeben, den ich brauchte. Es war nicht einfach, wieder in das eigene Kinderzimmer zu ziehen, aber absolut notwendig. Danke. Meine Schwester hat mir immer und immer wieder gesagt, das ich gut schreiben kann. Es hat lange gedauert, bis ich es ihr geglaubt habe. Danke. Mein Bruder und ich sind sehr verschieden. Doch wenn wir unsere Unterschiede beiseitelegen und einfach Frisbee spielen, ist alles Vergeben und Vergessen. Manchmal dauert es eine Weile, bis der Samen keimt und zu einem Baum wird.

Danke.

Haftungsausschluß

Bevor du dich an die Erkundung dieses Buches machst, gibt es leider einige Dinge, die gesagt werden müssen. Da es der Allgemeinheit augenscheinlich nicht zuzutrauen ist, eigenverantwortlich zu handeln, laß dir bitte das Folgende gesagt sein:

Alles, was in diesem Buch geschrieben steht, basiert auf meinen eigenen ganz persönlichen Erfahrungen. Ich habe das Anliegen der Menschheit, Dinge aus meinem Leben als Komödie zu präsentieren. Umso deutlicher muß ich betonen, das es sich bei meiner Wenigkeit keineswegs um einen Arzt oder medizinischen Berater handelt. Demnach ist es unumgänglich, das du absolut jedes Wort in diesem Buch auf die Goldwaage legst und mit deinem gesunden Menschenverstand begutachtest. Vor allem achte bitte darauf, eigenverantwortlich zu handeln und alles was ich hier schreibe, noch einmal nachzuprüfen. Ich gebe keinerlei Garantie für die Richtigkeit meiner Aussagen und verweise auf einen fachmännisch ausgebildeten Schulmediziner, Psychiater oder Fachmann deiner Wahl, falls du etwas von meinen ganz persönlichen Erfahrungen nachempfinden möchtest. Des Weiteren übergebe ich dir ebenfalls das Recht, dieses Buch einfach nur zu lesen und es als gut gemeinten Roman zu betrachten. Wenn du es als Komödie annehmen kannst, würdest du mir sogar einen Gefallen tun.

An dieser Stelle muß noch angemerkt werden, das umfangreiche Passagen in diesem Werk unter akuter Müdigkeit verfaßt wurden und somit die Glaubwürdigkeit sowie die 'Ernstnahme' (Achtung: scheinbarer Neologismus laut meiner Rechtschreibhilfe) dieser Abschnitte stark in Mitleidenschaft gezogen wurde. Nichtsdestotrotz scheint eben dieser Sachverhalt zu der Fertigstellung dieses Werkes einen essentiellen Beitrag geleistet zu haben. Wobei ich hier noch die Frage einwerfen möchte, ob ein Sachverhalt in der Lage ist, einen essentiellen Beitrag zu leisten. Da ich das Geschriebene nicht nach dem jeweiligen Grad der Müdigkeit oder Wachheit kennzeichne oder anderweitig markiere, schlage ich vor, das du das gesamte Werk mit einer äußerst kritischen Einstellung liest und bewertest. Ich persönlich kann niemandem empfehlen, etwas in diesem Buch ernstzunehmen oder in Erwägung zu ziehen, etwas davon in die Tat umzusetzen. Auch bin ich der Auffassung, das es am sichersten ist, dieses Buch ausschließlich in einem Kokon aus Styropor und Decken zu lesen, um eventuelle Unfälle zu vermeiden. Dabei achte bitte unbedingt darauf, das du genügend Sauerstoff bekommst. Der Vermerk, das bei Plastiktüten Erstickungsgefahr besteht, gilt nicht nur für Kleinkinder und Säuglinge. Auch bitte ich dich davon abzusehen, bei der Handhabung dieses Buches Heißgetränke zu konsumieren oder damit zu hantieren. Auch wenn das Buch ohne äußere Einflüsse nicht brennen sollte, bedenke bitte, das Papier ein leicht entzündliches Material ist und unter den richtigen Umständen durchaus Feuer fangen kann.

In der Hoffnung, das du diese Anmerkungen hilfreich und belehrend findest, verbleibe ich mit freundlichen Grüßen und wünsche dir viel Spaß mit diesem Buch. Möge es dich in einer sicheren Umgebung erheitern.

Danke.

Über den Autor

Vielleicht erscheint es etwas ungewöhnlich, diesen Abschnitt selber zu verfassen. Da ich mich jedoch vorher nicht darüber informiert habe, wie genau so etwas funktioniert und es mir ein Bedürfnis ist, meinen Werdegang kurz darzulegen, schreibe ich meine ganz eigene Einleitung zu meiner Person.

Mein Name ist Christopher Reusch und ich wurde am 06.02.1989 in Lüdenscheid geboren. Wieso dies relevant ist sei einmal dahingestellt, jedoch finde ich das unsere Wurzeln ganz entscheidend für unseren Werdegang sind. Nachdem ich mich bis zum Jahre 2009 mit meiner Schullaufbahn und dem Erwerb der Allgemeinen Hochschulreife beschäftigt sah, entschied ich mich zu studieren. Im September 2009 also begann ich mein Studium zum Umweltschutzingenieur an der FH Bingen, in Bingen am Rhein. Welche Auswirkungen dieser Schritt auf mein Leben haben würde, war mir damals noch nicht klar. Genau das ist es, was ich am Leben so bewundere: Du weißt nie ganz genau wo du in 10 Jahren sein wirst oder was die heutige Entscheidung für den Rest deines Lebens bedeuten wird. Weiter im Text: Zum Ende meines Studiums erhielt ich eine Praktikumsstelle bei der Nationalparkverwaltung des Bayerischen Waldes und schrieb im Anschluß meine Bachelorarbeit über das Thema 'Analysis of activity patterns of the Eurasian lynx (*Lynx lynx*) and its prey'. Somit beendete ich mein erstes Studium im Jahre 2014 und hätte mich fortan als Umweltschutzingenieur bewerben können. Es sollte jedoch ganz anders kommen ...

Das Universum spielt manchmal ganz schön eigensinnig. Nachdem ich 1 Jahr in Maastricht (Niederlande) gelebt und gearbeitet hatte, war es dann endlich so weit. Der nächste Abschnitt auf den ich 1 Jahr lang als Call-Center Agent gearbeitet hatte stand vor der Tür. Im Juni 2016 begann meine Reise nach Südafrika. Ich hatte mich dazu entschlossen an der University of the Freestate in Bloemfontein (Südafrika) einen Master zu absolvieren. Die Voraussetzung für diesen Studiengang war jedoch ein sogenannter 'Bachelor of Science Honours', welchen ich im Dezember 2016 in der Tasche hatte. Ich kehrte also zunächst nach Deutschland zurück um ein neues Studienvisum zu beantragen und machte mich dann im Mai 2017 wieder auf den Weg nach Südafrika. Der Master-Studiengang war spezialisiert auf Verhaltensforschung und ich hatte mir ein Projekt in der Limpopo-Provinz ausgesucht, welches sich mit grünen Meerkatzen (*Chlorocebus pygerythrus*) beschäftigte. Meine Aufgabe war es die Aktivität und die Ernährung der Primaten genauer zu betrachten und nach einem Jahr Datenaufnahme alles zu analysieren und niederzuschreiben. Im Februar 2020 war es dann so weit und ich reichte meine Arbeit mit dem Titel 'Feeding ecology, habitat use and activity patterns of the vervet monkey, *Chlorocebus pygerythrus*' ein. Nach mehrwöchigem Fiebern schloß ich auch dieses Studium erfolgreich ab und konnte meinem Repertoire an Titeln den 'Master of Science majoring in Wildlife' hinzufügen. Die meiste Zeit des Schreibens verbrachte ich in meiner Heimat und lernte diese auf neue Art und Weise kennen. Auch war ich ein anderer, nachdem ich 9 Jahre lang durch die Welt gezogen war und mich stark verändert hatte. Ich spürte das ich anders war. Schließlich hatte ich mehrere Monate lang in einem kleinen Naturreservat in der südafrikanischen Savanne gelebt. Umgeben von Krokodilen, Giraffen, Schlangen, Skorpionen, Affen und verschiedenen Antilopen und Vogelarten machte ich Erfahrungen, die mein Leben veränderten. Erfahrungen die mich veränderten, noch bevor ich es überhaupt merkte.

Die Zeit während meines Studiums half mir mich selber besser kennen-zulernen und ich wurde von einem überzeugten Atheisten zu einem spirituellen Menschen. Ich beschäftigte mich stark mit den Lehren spiritueller Meister und wurde im März 2020 in den Reiki-Grad 1 eingeweiht. Doch die Reise hörte an dieser Stelle nicht auf und so beschloß ich im Oktober des Jahres 2020 mein Leben noch einmal gehörig auf den Kopf zu stellen. Ich faßte den Entschluß, mich so lange mit der Frage zu beschäftigen was ich eigentlich möchte, bis ich eine Antwort habe. Ich fand diese Antwort und es war kein einfacher Weg bis dahin. Mehrfach kam ich an meine Grenzen und mußte mich selbst mehrfach neu kennenlernen. Schlußendlich wußte ich, das ich ein Buch schreiben wollte und so verfaßte ich den ersten Entwurf eines Buches mit dem Namen 'Das Buch der Angst'. Insgesamt gab es drei Entwürfe, wobei du den letzten gerade in der Hand hältst. Drei Versuche habe ich gebraucht, um mich und mein Wesen zu erkennen und zu meiner eigenen Zufriedenheit in Worte zu fassen. Der zweite Versuch enthielt bereits mehr als 130 Seiten, als ich mich dazu entschloß alles noch einmal zu überarbeiten. Ich selbst bin durch so viele meiner Ängste gegangen, weil ich wußte das es möglich sein muß ein Buch zu schreiben, was mir und meinen Erfahrungen gerecht wird. Es war mir den ganzen Aufwand Wert, weil ich wußte das ich nicht eher ruhen kann, ehe ich dieses Werk zum Abschluß gebracht habe. Grundsätzlich war es ein Kampf mit mir selbst und der Wunsch, das zu tun was mein Herz möchte. Ich finde immer noch, das es sich dafür lohnt zu kämpfen und alles in Frage zu stellen. Ich glaubte zu wissen, wer ich sei: Christopher Reusch. Jetzt weiß ich sicher, wer ich bin: Christopher Reusch. Na ja, zumindest bin ich dem Wissen um meine Bestimmung und meine Lebensaufgabe sehr viel näher gekommen. Ich habe gelernt, mich selber anzunehmen und gelernt, kein Sklave meiner Ängste mehr zu sein. Ich habe gelernt zu beobachten und somit kein Sklave meiner Emotionen zu sein. 'Observe rather than serve' ist ein Spruch den ich in meinem Podcast des häufigeren verwende und er bezieht sich auf die eigenen Emotionen und Ängste.

Wenn du mehr über mich, meinen Podcast und andere Projekte erfahren möchtest und dich nicht vor der englischen Sprache scheust, dann schau doch Mal auf meiner Website vorbei: www.christopher-reusch.com

In diesem Sinne überlasse ich dich dir Selbst und dem was kommen mag.

Prolog

Wir leben in einer Zeit der Angst, was die jetzige Situation sehr klar zu zeigen vermag. Ängste werden uns von außen auferlegt, jedoch sind wir machtlos, solange wir nicht wissen, wie man sich mit seinen Ängsten auf eine gesunde Art auseinandersetzen kann. Ängste sind nicht dazu da, um uns das Fürchten zu lehren, sondern um zu lernen was es bedeutet mutig zu sein. Wenn du es über den Titel hinausgeschafft hast, bist du vermutlich bereit mit deinen Ängsten zu arbeiten. Wie du das schaffen kannst, werde ich dir in diesem Buch zeigen. Lasse dir so viel Zeit wie du benötigst, denn jeder Schritt bringt dich näher zum Ziel.

Was ich in diesem Buch schreibe, basiert auf meinen ganz persönlichen Erfahrungen und Erkenntnissen. Zusätzlich habe ich mich mit dem Thema Angst, sehr intensiv auseinandergesetzt und reflektiert. Was du in diesem Buch nicht erhalten wirst, sind Quellenangaben. Warum? Ganz einfach. Ich glaube nicht, das eine Quellenangabe wirklich dem geschriebenen Wort mehr Wahrheit einverleibt. Es gibt mittlerweile unzählige wissenschaftliche Artikel, wobei jeder eine Botschaft mit sich trägt. Die Intention der Wissenschaft war ursprünglich, neues Wissen zu generieren und die Welt um uns herum zu hinterfragen, zu verstehen und zu bewundern. Mittlerweile glauben wir zu wissen, das wir die Welt verstanden haben und suchen nur noch nach Bestätigung für unser Weltbild. Dadurch hat die Wissenschaft ihren ursprünglichen Status verloren und hat heutzutage eher den Nutzen eines Meinungsverstärkers. Jedwede Meinung zu einem Thema wurde vermutlich bereits erforscht und abgewogen. Wenn ich möchte, das in diesem Buch die Botschaft vertreten wird, das Kaffee etwas gutes ist, werde ich die entsprechenden Quellenangaben verwenden. Ist es mein Ziel, Kaffee zu denunzieren, so werde ich folglich nach Referenzen suchen, welche meine Meinung im negativen Sinne bekräftigen. Demnach verzichte ich gänzlich auf die Verwendung von Quellenangaben, da ich der Meinung bin, das die Wissenschaft heutzutage das Wissen schafft, was dem jeweiligen Sponsor zu Gute kommt. Außerdem ist es mir ein Anliegen zu bemängeln, das die deutsche Rechtschreibung unnötig viele

Kommas benutzt und man so in der Lage ist, endlos lange Sätze zu bilden, die dem Leser das Gefühl geben niemals ans Ende zu kommen und vermutlich auch mit Verständniseinbußen einhergehen. Bei dem Wort 'Verständniseinbußen' bin ich mir unsicher, ob es tatsächlich existiert. Da es aber nach dem Baukasten-Prinzip entstanden ist, gehe ich davon aus, das es leicht verständlich und selbsterklärend ist. Ein weiteres Merkmal der deutschen Sprache, durch welches Worte wie 'Flohsamenschalenpulver' entstehen konnten. Ein Hoch auf den gesunden Menschenverstand und die Fähigkeit scheinbar zusammenhangsloses zusammenzubringen und Sinn daraus zu schöpfen.

Inhaltsverzeichnis

Erster Teil:

Das Fundament

1 - Einleitung

Lieber Leser,

an dieser Stelle möchte ich deine Aufmerksamkeit darauf lenken, das du dich im ersten Teil dieses Buches befindest. Was genau dich hier erwartet, vermag ich dir nicht zu sagen, denn jeder der dieses Buch ließt, wird es auf eine andere Art und Weise lesen. Jeder Mensch ist ein Individuum und demnach sind unsere Empfindungen und das, was wir an Informationen aus einem Satz ziehen, sehr unterschiedlich. Nehmen wir einmal an, du würdest in diesem Buch über den Satz 'Du bist ein schöner Mensch' stolpern, so kann ich mir bereits verschiedene Szenarien ausmalen. Zum einen könntest du empört über die persönliche Anrede sein und meinen, das ich dich lieber mit 'Sie' ansprechen sollte. Außerdem könntest du es sofort negieren und dir denken, das du ja wohl kaum gemeint sein könntest, weil ich (also der Autor) ja gar nicht wissen könne, wie du aussiehst. Vielleicht denkst du dir auch das ich (abermals der Autor) recht habe und du in der Tat ein sehr schöner Mensch bist. Ähnlich verhält es sich, wenn ich in diesem Buch über Krebs, Cannabis, Alkohol, Wolken, Dalmatiner oder Regenbögen sprechen würde. Jeder Mensch verbindet Erfahrungen, Erinnerungen und Emotionen mit Worten. So etwas nennt man eine Assoziation, also eine Kette an Verknüpfungen. Eine sogenannte Assoziationskette verknüpft verschiedene Begriffe oder Empfindungen miteinander. Ich höre das Wort 'blau' und in mir geschieht das Folgende: blau, Wasser, Meer, Fische, Delphin. Sage ich nun 'Krebs' geht meine Assoziationskette vielleicht in Richtung Biologie, während die eines anderen in Richtung Krankheit und Tod geht. Demnach hätten vielleicht 9 von 10 Lesern kein Problem damit, wenn ich mich in einem Beispiel über Krebsgeschwüre auslasse. Der 10te bricht vielleicht in Tränen aus oder ist stinksauer, das ich es mir erlaube, über so ein sensibles Thema zu sprechen. In der Tat ist es genau diese Art von Reaktion mit der du arbeiten kannst. Ich werde dich im ersten Teil des Buches näher an die Methodik heranführen, mit der du deinen Emotionen begegnen kannst. Was ich dir hier über Ängste erzähle, kannst du genauso gut auf Wut, Geiz oder deine Meinung zu Sport anwenden. Da es in diesem Buch jedoch um Angst geht, werde ich mich hauptsächlich an entsprechenden Beispielen orientieren. Bevor du nun weiter eintauchst in die wunderbare Welt der Ängste und was ich dir darüber berichten möchte, darf ich diesen Augenblick nutzen, um mich bei dir zu bedanken. Ich danke dir ganz aufrichtig, das Du den Mut hast, dich dir und deinem Innersten zu widmen. Ich danke dir dafür, das du erkennen möchtest was dich zurückhält. Nichts ist schwieriger, als sich einzugestehen, das man Angst hat und das man etwas dagegen tun möchte. Danke Freund, für deine Aufrichtigkeit dir selbst gegenüber und deine Bereitschaft etwas zu verändern.

a - Die Geschichte des alten Mannes

Es war einmal ein Mann. Ein alter Mann. Nicht etwa, wie du dir einen alten Mann vorstellst, gebrechlich und klapprig. Der Mann, um den es hier geht, war nämlich kein Opfer der hiesigen Schulmedizin und wurde für den Großteil seines Lebens mit unnötigen Medikamenten 'behandelt', welche mehr Nebenwirkungen haben als Vorzüge. NEIN! Der Mann, um den es hier geht, war ein sogenannter 'Wilder'. Oder, wie er sich selber vermutlich bezeichnen würde, ein Mensch. Die meiste Zeit seines Lebens, verbrachte dieser Mann, welcher ein Mensch war, dort wo er geboren wurde. Im Dschungel. An dieser Stelle gilt zu erwähnen, oder gut gemeint einzuwerfen, das es für den Verlauf der Geschichte keineswegs relevant ist, wo dies genau war. Tatsächlich Frage ich mich beim Verfassen dieser Zeilen, wieviel Unsinn ein Buch wirklich vertragen kann, ohne an Ernsthaftigkeit zu verlieren.

Wo waren wir? Beziehungsweise ich? Ach ja. Der alte Mann im Dschungel:

Der alte Mann im Dschungel hatte bereits viel gesehen in seinem langen Leben. Was genau würde vermutlich den Rahmen dieses Buches, nicht zu schweigen von der Geduld des Lesers, sprengen. Interessanterweise stellt sich nun die Frage, wieso das Wort 'sprengen' ebenfalls für das Bewässern eines Rasens verwendet wird? Ich schweife schon wieder ab.

Relativ am Ende seines Lebens, fragte ihn einer der jüngeren Dschungelbewohner eine Frage: „Du? Alter Mann? Kannst du mir erklären, was eigentlich Angst ist und wie ich keine Angst mehr vor der Angst habe?" Genau diese Frage stellte der Junge dem alten Mann im Dschungel.

Der alte Mann überlegte für einen Moment und dann begann er zu sprechen. „Das ist eine Frage, welche ich nicht mit ein paar Sätzen beantworten kann. Dazu muß ich ein wenig ausholen, also mach es dir bequem Jungchen."

„Du hast großes Glück, denn ich habe viele Jahre genau über diese Frage nachgedacht. Wieso haben wir Angst vor der Angst? Tatsächlich habe ich die Antwort erst nach jahrelanger Beobachtung der Milchgesichter gefunden. Mir schien, das jedesmal wenn ich eine Gruppe in den Dschungel führte, die Teilnehmer sehr nervös waren. Ich machte es mir zur Aufgabe, dies näher zu beobachten und darauf zu achten, was genau für Fragen sie stellten oder was sie denn so unglaublich nervös machte. Tatsächlich ist der Dschungel an sich ein recht gutes Beispiel, welches ich zu gegebener Zeit noch einbringen werde."

„Zunächst einmal möchte ich aber bei den Milchgesichtern bleiben, denn sie haben mir dabei geholfen die Angst besser zu verstehen. Durch den weißen Mann habe ich gelernt, die Angst aus einer ganz anderen Perspektive zu sehen. Dafür bin ich sehr dankbar. Angst an sich, so habe ich erkannt, ist das, was im Verborgenen liegt. Wenn wir etwas nicht sehen oder spüren das etwas da ist, was sich unserem Blick entwindet, haben wir häufig Angst. Jedoch gibt es auch andere Dinge, an denen sich Angst anhaften kann. Beispielsweise sind es unsere Erfahrungen, welche ein Nährboden für unsere Ängste sein können. Bevor ich dich mit meinen Erläuterungen verwirre und du mir nicht mehr folgen kannst, bleiben wir doch erst mal bei dem Unbekannten. Wenn wir uns in einer Situation befinden, in welcher uns etwas Unbekanntes konfrontiert, so sind wir nervös. Dies zeigt sich innerlich durch eine sich ausbreitende Unruhe oder auch äußerlich durch Zittern oder ähnliche Symptome. Wann immer ich eine Gruppe in den Dschungel führte, waren einige dabei, welche ganz ruhig waren und jede Situation mit Bravour meisterten. Andere hingegen waren sehr aufgebracht und konnten bei dem kleinsten Geräusch aus der Haut fahren und zuckten zusammen. Sie waren äußerst angespannt und rechneten in jedem Augenblick damit, von einem Jaguar angefallen zu werden. ‚Wieso ist dies so?', habe ich mich gefragt? Meiner Erkenntnis nach hat dies zum einen mit unserer Kindheit zu tun, zum anderen mit unserer Seele. Manche Menschen kommen auf die Welt und sind ganz ruhig, andere hingegen sind ständig am Weinen. Dann gibt es wiederum jene welche den lieben langen Tag schlafen. Auch gibt es solche die nicht genug von der Welt sehen können und am liebsten alles anfassen und begutachten möchten. Das ist so und Eltern, welche bereits mehrfach Eltern geworden sind, können dir das sicherlich bestätigen. Kein Kind ist wie das andere. Alle sind unterschiedlich, alle sind individuell. Dies ist wichtig, um zu verstehen, das es für jeden Menschen unterschiedliche Wahrnehmungen gibt und das man nicht alle Menschen über einen Kamm scheren kann. Nichtsdestotrotz glaube ich, das unsere Kindheit den stärksten Einfluß auf unsere Entwicklung hat und darauf, wie wir mit Angst umgehen. An dieser Stelle komme ich zu den Erfahrungen. Erfahrungen kann man nicht durch Worte vermitteln, denn man muß sie erleben. Jedoch kann man eine Art Grundstock für eine positive Erfahrung oder eben eine negative Erfahrung legen. Dieses Fundament ist etwas, welches wir durch Wissen schaffen können. Je mehr wir über die Welt wissen, die uns umgibt, desto besser können wir mit neuen Situationen umgehen. Ein Mensch, der nichts über Schlangen weiß, wird vermutlich sehr vorsichtig sein im Umgang mit ihnen. Er weiß nicht, wie er sie einzuschätzen hat. Bringt man einem Menschen viel über Schlangen bei, so kann er bei einer Begegnung dieses Wissen nutzen, um Situationen besser einzuschätzen. Dies befähigt ihn, eine positive Erfahrung zu machen. Diese Erfahrung wird ihn sein Leben lang begleiten und er wird in der Lage sein, das daraus Gelernte in anderen Situationen zu nutzen und sich gegenüber neuen und unbekannten Dingen nicht zu fürchten. Nun stell dir einmal vor ich würde dir nur die schaurigen Geschichten von Schlangen erzählen. Ich berichte dir, wie das Gift einer Schlange dich innerhalb von Minuten töten kann. Ich bringe dir bei, das Schlangen sehr angsteinflößend sind und nutze dazu lediglich Geschichten in denen es kein gutes Ende gibt. Somit schaffe ich ein sehr schlechtes Fundament für deine erste Begegnung mit Schlangen. Vermutlich wirst du bereits vor deiner ersten Erfahrung solche Angst haben, das du nicht neutral an die Sache herangehen kannst. Diese Sichtweise stellt jedoch keine neutrale Position dar, sondern eine verzerrte Wahrheit. Etwas nur von einem Standpunkt zu betrachten ist sehr einseitig und führt dazu, das wir ein falsches Bild von der Welt bekommen die uns umgibt. Besser ist es, wenn ich dir die wundervollen Dinge über Schlangen vermittle, aber auch deutlich mache, das Schlangen wilde Tiere sind, welche nicht gerne berührt werden. Ich kann dir von dem Gift der Schlange auch positiv erzählen. Wie ausgeklügelt die Zusammensetzung ist und wie die Schlange dazu beiträgt das Gleichgewicht des Dschungels zu erhalten. Wenn nichts stirbt, dann kann auch kein neues Leben entstehen. Die Natur ist auf das Gleichgewicht zwischen Leben und Tod angewiesen, denn sonst würden wir irgendwann in lebenden Organismen ersticken. Wie sollen wir leben, wenn wir uns nicht von anderen Lebewesen ernähren können? Pflanzen leben im gleichen Maße wie die Tiere und beides braucht einander um bestehen zu können."

„Somit ist meine erste Botschaft, das es unser Wissen ist, was uns befähigt eine Situation vorab einschätzen zu können."

„Jedoch kann Wissen, was lediglich durch Erzählungen oder Bücher vermittelt wird, ein falsches Bild erzeugen. Dabei verlassen wir uns zu sehr auf die Erfahrungen anderer und verpassen die Möglichkeit dieses Wissen zu überprüfen. Ein Mensch wird in diese Welt geboren um Erfahrungen zu sammeln. Indem ich mich bilde und viele Informationen sammele, kann ich leichter Erfahrungen machen und aus diesen lernen. Denn Erfahrungen erlauben es uns, das was wir zuvor gelernt haben zu überprüfen und mit unseren Sinnen zu erfahren. Jeder Mensch nimmt die Welt auf eine andere Art und Weise war. Deshalb ist es unabdinglich Erfahrungen zu machen, um das Leben als das zu erkennen was es ist. Ein Mensch, welcher sein Leben lang in einem einzigen Raum ist und Bücher liest, mag viel über die Welt und das Leben wissen. Jedoch beschränkt sich dieses Wissen auf die Theorie. In der Praxis hat dieser Mensch keinerlei Erfahrungen und kann nicht darüber berichten wie es tatsächlich ist. Versuche einmal mit einem Menschen, welcher noch nie geliebt hat, über die Liebe zu reden. Er hat vermutlich eine Meinung dazu, jedoch wirst du erkennen, das er keine Ahnung hat wovon er eigentlich redet. Du bist noch zu jung um die Nähe einer Frau gespürt zu haben. Ich könnte dir nun davon berichten, wie wundervoll es ist und wie einzigartig das Gefühl ist, jemandem so nahe zu sein. Jedoch wirst du es nicht nachempfinden können, bis du selber diese Erfahrung gemacht hast. Allerdings, kann ich an dieser Stelle zu meiner nächsten Botschaft überleiten, denn die zweite Botschaft ist die folgende:"

„Unsere Erfahrungen ermöglichen es uns, das zuvor Gelernte zu validieren und unser Wissen auf einer zweiten, tieferen Ebene, betrachten zu können."

„Somit schließt sich der Kreis, denn wir haben das zuvor gelernte nun auch selber erlebt. Wenn wir auf diese Weise mit unserer Welt interagieren, befinden wir uns in einem ständigen Lernprozeß, denn jede Situation ist wie dazu gemacht unser Wissen auf die Probe zu stellen und dazuzulernen. Ich habe durch die Milchgesichter gelernt, das die Welt außerhalb dieses Dschungels von Angst regiert wird. Der weiße Mann hat Zugang zu einer scheinbar nie versiegenden Quelle an Informationen. Sie nennen es das Internet und mir wurde berichtet, das man sich leicht darin verlieren kann. Viele Menschen Leben ihr Leben hauptsächlich in diesem Meer aus Informationen und ziehen sich von der Welt zurück. Es scheint mir ein zweischneidiges Schwert zu sein. Zum einen kann jeder alles auf Anhieb nachlesen und zu seinem Wissen hinzufügen. Jedoch bringt dieses Wissen nichts, wenn man es nicht selber erlebt."

„Jetzt habe ich eine Menge geredet und du fragst dich vermutlich, was all das mit unseren Ängsten zu tun hat? Dies bringt mich schon zu meiner dritten Botschaft:"

„Ängste können da wohnen, wo unser Blick nicht das Ganze betrachtet."

„Das Ganze zu betrachten ist eine Fähigkeit, die uns ermöglicht eine Situation aus verschiedenen Blickwinkeln zu sehen. Angst vor Schlangen habe ich nur, wenn ich mich auf die negativen Aspekte dieser Tiere fokussiere. Lerne ich sie kennen und erkenne ich ihre Schönheit, so lerne ich auch, Schlangen in ihrer Gesamtheit zu betrachten. Hat ein Mensch keine oder nur schlechte Erfahrungen oder Meinungen über Schlangen, ist das Einzige was dagegen helfen wird, dieses Spektrum zu erweitern. Neue Erfahrungen zu sammeln ist hilfreich, um das was die Angst verursacht aus einem anderen Blickwinkel zu betrachten und sich somit der Angst zu stellen. Plötzlich ist man in der Lage, die Situation nicht ausschließlich aufgrund von einer einzigen Erfahrung zu beurteilen. Man kann nun eine ganze Reihe an Erlebnissen, sowie das gesammelte Wissen nutzen, um ein Bild zu erhalten was der Wahrheit sehr nahe kommt."

„Ich habe ja bereits am Anfang meiner Geschichte gesagt, das ich eine Überleitung zu unserer Heimat, dem Dschungel, schaffen werde. Der

Dschungel ist auf den ersten Blick sehr unübersichtlich. Betrachtet man ihn von außen, so wird man feststellen, das man sich zwar eine Meinung über die Größe des Dschungels bilden kann, man jedoch grundlegend kein Verständnis davon hat, was der Dschungel eigentlich ist. Von außen betrachtet ist es ein schier endloses Meer aus Blättern. Eben wie man den Ozean nicht durch seine Oberfläche erkunden kann. Man muß schon etwas eintauchen, um sich einen besseren Überblick zu verschaffen. Um jedoch genau zu verstehen was der Ozean wirklich ist, ist es notwendig, irgendwann die tiefsten Tiefen zu erforschen. Ebenso verhält es sich mit dem Dschungel. Betrachte ich lediglich das Äußere, werde ich nichts über den Dschungel erfahren. Stehe ich jedoch am Tor des Dschungels und möchte hineintreten, bemerke ich, das es mich vermutlich ein wenig bis sehr viel Überwindung kostet, um den ersten Schritt zu machen. Wieso ist dies so? Befindet man sich außerhalb des Dschungels hat man einen recht guten Überblick. Man sieht die Bäume und man kann ungefähr abschätzen, wie weit er sich auszustrecken scheint. Taucht man einmal in den Dschungel ein, wird man schnell feststellen, wie leicht es ist, den Überblick zu verlieren und sich zu verlaufen. Man wird sich seiner Verletzlichkeit bewußt. Im Dschungel herrscht zudem ein Wechselspiel aus Licht und Schatten. Manche Stellen sind so durchwachsen, das man kaum die Hand vor Augen sieht, sogar bei Tageslicht. Hinter jedem Baum könnte sich etwas Unerwartetes oder Unbekanntes verbergen. Jeder Schritt könnte der Letzte sein. Für uns, die wir bereits unser ganzes Leben im Dschungel verbringen, ist dies nicht sonderlich beängstigend. Natürlich können wir auch jetzt noch Erfahrungen machen, welche uns an unsere eigenen Grenzen bringen. Aber im Großen und Ganzen kann uns wenig überraschen, denn wir haben gelernt, uns in dem Gewirr der Lianen, Bäume und Schatten zurechtzufinden. Wir haben Erfahrungen im Dschungel gesammelt, welche uns erlauben, den Dschungel aus vielen verschiedenen Blickwinkeln zu betrachten. So in etwa verhält es sich mit uns selbst und mit unseren Ängsten."

„Ziemlich verwirrend, nicht wahr, mein junger Schüler? Stell dir einmal dich selbst vor. Von außen betrachtet wirst du deine Haut und deine Haare sehen; deine Hände, dein Lächeln und das, was an der Oberfläche sichtbar ist. Wie ich gelernt habe, denken die Milchgesichter, das dies schon alles sei. Sie glauben, das wir das sind, was wir im Spiegel sehen und alles, was in unserem Innern vor sich geht, sind lediglich Verdauungsprozesse oder ähnliches. Tatsächlich ist es ganz anders. Der Mensch ist wie der Dschungel oder der Ozean. Betrachtet man ihn von außen, so kann man recht gut einschätzen, wie weit er sich erstreckt. Durch meine schamanische Ausbildung habe ich gelernt, in mein Innerstes einzutauchen. Als Schamane habe ich die Aufgabe, meine dunkelsten Ecken zu erkunden und mit Licht zu bescheinen. Dies befähigt mich, anderen auf ihrem Weg zu helfen und sie an die Hand zu nehmen. Nicht jeder ist so wagemutig und taucht freiwillig und ohne Hilfe in den Dschungel oder die Tiefen des Meeres ein. Manche von uns brauchen einen Führer, welcher ihnen hilft, Erfahrungen zu sammeln. Um dies zu tun, ist es für einen Schamanen unerläßlich, zunächst sein eigenes Inneres zu erkunden. Hat er genug Erfahrungen in sich selbst gesammelt und genug Licht in die Schatten gebracht, ist er in der Lage, anderen dabei zu helfen, es ihm gleich zu tun. Jedoch ist es bei uns Menschen nicht so wie beim Meer oder dem Dschungel. Wir können nicht einfach in andere Menschen eintauchen und sie von innen erleuchten. Einen einzigen Ozean zu erkunden, vermag mehr als ein Menschenleben zu dauern. Befassen wir uns damit, neben unseren eigenen Tiefen, auch noch die Tiefen anderer Menschen zu ergründen, so werden wir nie besonders weit kommen. Zudem nehmen wir damit anderen die Möglichkeit, ihre eigenen Erfahrungen zu sammeln und behalten das Wissen, wie man in sich geht, für uns. Was wir jedoch vermögen, ist das richtige Umfeld zu schaffen, in dem jede Seele, welche bereit ist zu tauchen, dies erlernen kann. Manche Menschen brauchen ihr Leben lang Unterstützung und kommen nur spärlich voran, wogegen andere lediglich ein wenig Starthilfe benötigen und sogleich von alleine anfangen die Tiefen ihres Selbst zu erkunden."

„Nun möchte ich noch einmal alles zusammenbringen, damit dir auch nichts entgeht."

„Drei Botschaften hatte meine Geschichte. Die erste Botschaft lautete, das unser theoretisches Wissen uns befähigt Situationen vorab richtig einzuschätzen. Die zweite Botschaft war, das wir nur durch das Sammeln von Erfahrungen in der Lage sind, das zuvor Gelernte anzuwenden und wahrhaftig zu verstehen. Die dritte Botschaft lautete, das Ängste da wohnen können, wo wir keinen Überblick über das Ganze haben. So weit so gut! Beziehen wir diese drei Botschaften nun auf uns selbst, erkennen wir, das wir viel über die Welt lernen können, indem wir uns Wissen aneignen. Durch das Sammeln von Erfahrungen lernen wir dieses Wissen zu integrieren und zu festigen. Tauchen wir nun in die Welt unserer Emotionen und Ängste ein, sammeln wir viele Erfahrungen. Wir lernen somit, unser Innerstes nicht nur aus einer Perspektive zu betrachten, sondern aus vielen verschiedenen. Wie ich bereits vorhin erklärte, kann man Angst auflösen, indem man neue Erfahrungen macht oder seinen Blickwinkel erweitert. Dies gilt es in uns selbst zu tun. Unsere innere Welt ist wie ein Dschungel. Hinter manchen Ecken mögen sich verborgene Schätze oder auch große Dunkelheit verbergen. Diese Welt zu erkunden und Stück für Stück zu beleuchten, befähigt uns Frieden zu finden. Wenn wir unsere tiefsten Tiefen erforscht haben, dann haben wir uns mit all den Dingen befaßt, welche zuvor im Verborgenen Lagen. Wir haben Licht ins Dunkel gebracht. Wenn Mut und Vertrauen mit Licht gleichzusetzen sind, dann sind Angst und Verzweiflung in der Dunkelheit zu finden. Das Geschenk des Lichts erlaubt es uns, die Dunkelheit zu überwinden und uns von all den Dingen die uns Angst einflößen zu befreien. Deine eigentliche Frage war ja, wie du lernen kannst, keine Angst mehr vor der Angst zu haben, richtig? Angst ist all das was unbekannt ist. Indem ich mich bilde, Erfahrungen sammle und in mein Inneres schaue, erkenne ich das wahre Wesen der Angst und lerne somit keine Angst mehr vor dem Unbekannten zu haben. Denn je mehr Erfahrungen ein Mensch im Umgang mit seinen eigenen Ängsten sammelt, desto einfacher wird es mit der Zeit, diese aus verschiedenen Blickwinkeln zu betrachten. Außerdem befähigt es dich diese Erfahrungen zu nutzen und deine Angst frühzeitig zu erkennen, noch bevor sie Besitz von dir ergreift."

Damit endet die Geschichte des alten Mannes. Ich denke du weißt mittlerweile, das alte Männer aus dem Dschungel eine Menge über Ängste wissen. An deiner Stelle würde ich eine Pause machen, oder dieses Buch nie wieder ansehen. Noch hast du die Chance alles beim Alten zu belassen und den Dschungel von außen zu betrachten.

Der Augenblick, in welchem du das Bekannte hinter dir läßt und tauchst - sei es hinein in das Meer, den Dschungel oder dich selbst - ist vor allem Eines:

Eine Entscheidung.

Und somit beginnt die Reise....

b - Wozu das Ganze?

Wieso eigentlich sollte es sich lohnen, Angst zu verstehen? Was bringt es mir, dir oder einer beliebigen Person deiner Wahl, etwas über Ängste zu wissen? Wird es dich schlauer machen? Wirst du fortan ein erfüllteres Sex-Leben haben? Schaffst du es im Lotto zu gewinnen? Verstehst du dadurch Aktien besser und kannst endlich die Armut hinter dir lassen? Solltest du etwa deinem armseligen Dasein als mittelmäßiges Menschlein entfliehen und in die Welt des Adels und der Reichen eintauchen? Wieso das Ganze? Nun, das kann ich dir sagen:

Du tust das alles, weil dein innerer Ruf dich dazu drängt. Wieso sonst hast du dieses Buch gekauft? Irgend etwas in dir verlangt geradezu danach dich mit deinen Ängsten auseinanderzusetzen. Nenn es deinen inneren Ruf, dein Schicksal oder deine Intuition. In spirituellen Kreisen kann man von der 'Suche' reden. Die Suche nach was? Nach Erfüllung? Nach Freiheit? Nach dem Sinn des Lebens? Eines laß dir versichert sein: Wenn du ein Suchender bist, wirst du dich nicht zufriedengeben, ehe du gefunden hast was du zu suchen aufgebrochen bist. Es wird dich in den Wahnsinn treiben, diesem inneren Ruf zu widerstehen. Ebenso wird es dich vermutlich in den Wahnsinn treiben, ihm zu folgen. Denn Wahnsinn umgibt uns. Angst umgibt uns. Der einzige Weg, diese Dinge zu verstehen und sich von ihnen zu lösen, ist die Wahrheit zu erkennen. Was bedeutet schon 'die Wahrheit'? Es gibt tatsächlich eine einzige Wahrheit. In einer Welt aus Lügen, in der es hauptsächlich um Produkte und deren Vertrieb geht, wird viel gelogen. Deswegen ist es so unendlich wichtig, dich mit deinen Ängsten zu befassen. Nichts wird heutzutage mehr von verkaufsfreudigen Geschäftsleuten genutzt, als die Angst der Käufer. Es geht nicht ausschließlich um den Konsum, sondern auch um deine Lebensqualität. Wieso sind so viele Menschen nicht in der Lage, eine vernünftige Beziehung zu führen, oder geraten ständig in Streit mit ihrem Partner? Verlustangst ist weit verbreitet, aber heutzutage scheinen solche Beziehungen die Norm zu sein. So ist das nun mal in einer Beziehung, hört man den ein oder anderen sagen. NEIN - ist es nicht. So ist es vielleicht in manchen Beziehungen, aber in meiner habe ich das Bestreben nach Harmonie gewählt. Es ist eine Entscheidung, welche wir und Du zu jedem Zeitpunkt in unserem Leben treffen können (hierzu später noch etwas mehr). Verlustangst kann dich zu einem Sklaven der Liebe oder deiner jetzigen und zukünftigen Besitztümer machen. Ganz schön anstrengend, ständig Angst davor zu haben, etwas zu verlieren oder nicht genug zu haben. Dies ist ein Beispiel und viele Beispiele könnten nun folgen. Jedoch ist es nicht mein Anliegen, dir alle Ängste aufzuzählen, denn so habe ich meine Ängste auch nicht kennen gelernt. Der wichtigste Schritt ist zunächst, sich einzugestehen und zu erkennen, das Ängste vorhanden sind und diese nicht länger zu leugnen. "Ja, ich habe Angst. Aber trotzdem werde ich diese Entscheidung treffen."Dieser Satz ist möglich, wenn wir uns der Angst bewußt sind und uns trauen hinzuschauen. Ich habe mich in den letzten Wochen und Monaten sehr intensiv mit Angst beschäftigt. Du kannst dir vermutlich vorstellen, oder auch nicht, wieviel Angst mir das Schreiben dieses Buchen macht. Mein innerer Ruf verlangt geradezu von mir dieses Buch zu schreiben. Also habe ich gelernt, mir die Dinge anzuschauen die mir Angst machen. Ich befasse mich mit meinen Ängsten, um das zu tun was ich wirklich tun möchte. Ich habe die Tür zu meinem Innersten aufgestoßen und hingeschaut. Traust Du Dich diesen Schritt zu machen? Bist du gewappnet für den Weg in die Freiheit, um endlich aufatmen zu können? Bist du mutig genug dich deiner Angst zu stellen, so das du dir keine Sorgen mehr um dein Aussehen machen brauchst oder ob du etwas Falsches sagen könntest? Hast du es satt ständig zu schweigen, weil du dich nicht traust deine Meinung zu sagen? Stell dir eine Tür vor. Eine Tür in deinem Innern. Schließe deine Augen und richte all deine Aufmerksamkeit auf diese Tür. Du spürst was hinter dieser Tür lauert: pure Schwärze. Dunkelheit. Das Unbekannte. Wahnsinn. Strecke die Hand aus und öffne diese Tür. Tu es ganz langsam oder ganz schnell, wie es dir beliebt. Wichtig ist nur das du sie öffnest. Damit ist der erste Schritt vollzogen!

Na, hast du deine Augen wieder geöffnet? Oder hast du einfach nur den Abschnitt gelesen und dich nicht wirklich davon angesprochen gefühlt? Liest du dieses Buch als eine Art Roman, der dich nichts angeht? Das kannst du sicherlich tun, jedoch ist es nicht die Intention dieses Buches, sich zu entspannen. Dieses Buch soll dir Angst machen, wie es auch mir Angst gemacht hat. Wenn du dich nicht mit deinen Ängsten befaßt, dann werden sie genau da bleiben wo sie sind und dich aus der

Dunkelheit deines Unterbewußtseins manipulieren und dich zu ihrem Sklaven machen. Wenn du dich damit zufriedengibst, dann ließ weiter und ignoriere das, was ich hier schreibe, aber dann kannst du das Buch genausogut jetzt weggeben und am besten verschenken, verkaufen oder reklamieren. Es ist nichts für dich. Dieses Buch funktioniert nur wenn du mitarbeitest. Es geht mir nicht um Geld, also scheue dich nicht es zurückzuschicken. Es geht mir darum, Menschen einen Weg in die Freiheit zu zeigen und nicht sie zu bespaßen. Also frage ich dich nochmal: Bist du bereit, die Tür zu öffnen? Dann mache diesen Schritt. Nimm all deinen Mut zusammen und nimm dieses Buch und deine Ängste ernst! TRAU DICH!

Hierzu eine kleine Anekdote aus meinem eigenen Leben: Als ich in Südafrika studierte, hatte ich eigentlich alles, was ich mir als 'moderner', umweltbewußter 'Mann' wünschen konnte. Ich lebte im afrikanischen Busch und war umgeben von wilden Tieren und von Natur. Kein Straßenlärm störte mich und ich war der Hektik des städtischen Alltags entflohen. Ich war umgeben von schönen jungen Frauen in ihren 20ern und ich war sportlich, gutaussehend (sehr subjektiv) und charmant (meistens). Ich dachte, das wenn ich all diese Sachen haben würde, ich schlichtweg glücklich sein müßte. Ich war meinem gewohnten Umfeld entflohen und war endlich frei! Zumindest dachte ich das. Wenn ich dieses und jenes habe, fühle ich mich gut, so mein Glaube. Dem war leider nicht so. Wieso? Für eine Weile ging es mir gut, doch das ständige auf und ab meiner Laune und meine Unzufriedenheit holten mich bald ein. Ich war gefangen in einer Schleife. Einer Schleife aus Angst. Hauptsächlich Verlustängste, basierend auf frühen Kindheitserfahrungen oder weiß der Himmel, woher sie kamen. Ich verstand es einfach nicht. Wieso war ich hier mitten in der Natur immer noch so unausgeglichen? Ich war umgeben von gleichgesinnten Menschen und jederzeit in der Lage, auf Entdeckungstour zu gehen. Keine Eltern oder andere Menschen, die mich kannten oder einschränkten und doch nagte etwas an mir. Es nagte schon sehr lange an mir, doch ich wollte nicht hingucken, denn wieviel einfacher ist es, meine äußeren Umstände für meine Launen verantwortlich zu machen? Wie leicht viel es mir nach Ausreden zu suchen, wieso es mir gerade so schlecht ging. Müdigkeit, Wetter, Lärm, Mücken oder irgendeine beliebige Person, konnten hervorragend als Sündenbock herhalten. Irgendwann kam ich an einen Punkt, wo ich mich nicht mehr so gut davon überzeugen konnte, das es an den äußeren Umständen lag. Wieso hatte ich ein Problem mit einer bestimmten Person, andere jedoch kamen mit ihr hervorragend klar? Ich begann zu begreifen, das es einen Weg geben muß zufrieden zu sein und die Schönheit in allem zu sehen. Also begann ich meine Reise. Die erste 'Backpfeife' erhielt ich in den letzten Wochen in Südafrika. Ein Bekannter stellte mir damals eine Frage, welche mein ganzes Weltbild auf den Kopf stellte. Zu dem Zeitpunkt empfand ich es als sehr beängstigend, von jetzt auf gleich alles in Frage zu stellen. Ich hinterfragte plötzlich meine ganze Realität. Dieser Moment war ausschlaggebend für mich, denn ich fing an die wichtigen Fragen zu stellen und machte somit die ersten Schritte in Richtung dieses Buches. Mehr und mehr interessierte ich mich für das Thema Angst und wollte es begreifen, es verstehen. „Was ist Angst?", fragte ich mich immer wieder und Stück für Stück verstand ich es. Ich bin ein sehr zielstrebiger Mensch, was mir geholfen hat mich meinen Ängsten zu stellen. Ich erkannte das meine Angst mich zurückhält, also wollte ich sie verstehen. Du kannst nicht verstehen, was du nur von außen betrachtest. Wenn du wissen willst wie ein Auto funktioniert, mußt du es auseinandernehmen. Du mußt dich mit Autos beschäftigen um zu verstehen wie sie funktionieren. Also beschäftigte ich mich mit meiner Angst. Das Resultat liegt in deinen Händen.

Verstehst du nun wozu es sich lohnt dich mit deinen Ängsten zu beschäftigen? Nein? Dann mach deine eigenen Erfahrungen ...

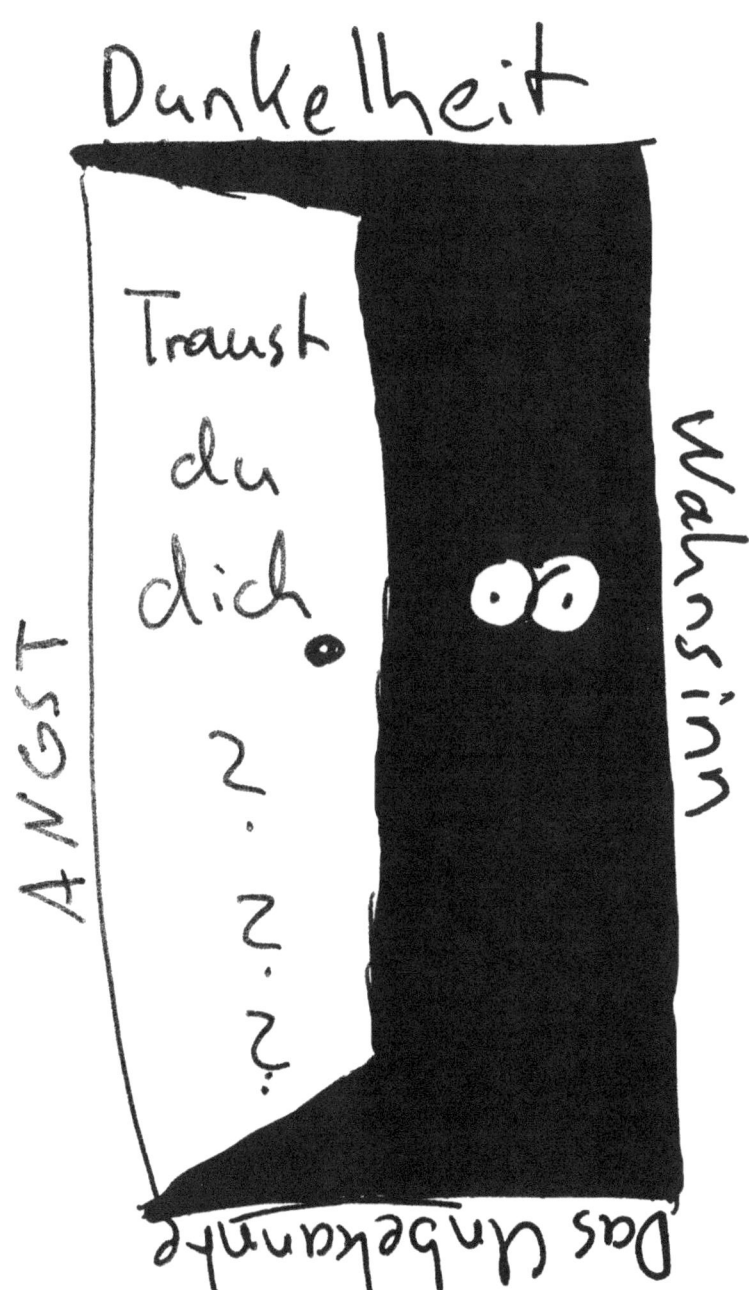

c - Bedienungsanleitung

An dieser Stelle erhoffe ich mir, deine volle Aufmerksamkeit erhalten zu haben und möchte noch einmal einige Dinge klarstellen. „Wieso steht diese Überschrift nicht ganz am Anfang", fragst du dich? Weil sie eben hier steht. Sie steht genau hier, weil ich es wichtig finde, die Menschen herauszufordern, bevor ich mir ihrer 'Gefolgschaft' sicher sein kann. Wenn du nicht in der Lage bist, die Anweisungen dieses Buches ernst zu nehmen und an dir zu arbeiten, dann ist das Potential dieses Buches vergeudet. Wenn du es wirklich ernst meinst und alles in dir danach schreit, dich mit deinen Ängsten zu beschäftigen, dann wirst du einen Weg finden. Erhoffst du dir, das das Lesen dieses Buches bereits die ganze Arbeit für dich macht, muß ich dich leider enttäuschen. Ängste gehen nicht weg, indem wir warten und sitzen. Ängste zeigen sich nur, wenn wir unseren Acker pflügen und gucken was dabei zum Vorschein kommt. Niemand kann vorher über alle seine Ängste Bescheid wissen, genausowenig wie der Bauer vorhersagen konnte, das er beim Umgraben des Feldes, einen Helm aus dem zweiten Weltkrieg finden würde. Man muß etwas dafür tun, um den Zugang zu seinen Ängsten zu bekommen, und genau das möchte dir dieses Buch vermitteln. Innere Freiheit wird niemandem auf dem Silbertablett geschenkt, sondern man muß sie sich hart erarbeiten. Man muß seine eigenen Grenzen erkunden und sie dann erweitern. Man muß über sich selbst hinauswachsen. Sieh dieses Buch als deine ganz persönliche Heldenreise, die du, wo immer du bist, beginnen und fortführen kannst. Keine Sorge, deine Ängste begleiten dich überall hin. Du versuchst ins Ausland zu flüchten, um dich frei zu fühlen? Dies ist lediglich ein Ablenkungsmanöver, ähnlich wie Fernsehen oder Computerspiele. Eine Flucht vor der Realität. Die Realität ist, das du im 'Hier und Jetzt' nicht zufrieden bist. Du guckst dir Filme und Serien an, um glücklich zu sein. Du ißt Chips, Schokolade und trinkst Alkohol, um für diesen einen Moment flüchten zu können. Du verschlingst Bücher oder fieberst auf einen Abend vor der Konsole hin, weil du es nicht erträgst, einfach mal alleine in deinem Zimmer zu sitzen und in dich zu horchen. Du findest Stille und Schweigen unangenehm. Doch ist es absolut notwendig zu horchen! Denn wer nicht horcht, der gehorcht, ohne zu wissen wem oder was. Wer die

Unruhe im Innern durch äußere Einflüsse wie Musik, Computerspiele, Filme, Essen oder Ähnliches zu übertönen versucht, wird früher oder später sehr ausgebrannt sein. Niemand kann vor seiner Angst flüchten, denn er schleppt sie mit sich rum, egal wohin er geht. Nimm dieses Buch als Anregung zu sehen und zu hören, was du seit langem versuchst zu verstecken. Sieh hinter die Fassade deiner Männlichkeit oder deiner Weiblichkeit und erlaube dir, zu sehen wie verängstigt du eigentlich bist. Wenn du diesen Schritt wagst, wirst du eine Kraft entdecken, die du nie für möglich gehalten hast.

So viel dazu. Ich habe jetzt genug Gründe dargelegt, wieso es sich für dich lohnt, dich mit deinen Ängsten zu beschäftigen. Also werde ich jetzt etwas konkreter.

Die Welt ist voller Angst. Du bist voller Angst. Sieh hin oder laß es einfach bleiben. Kein Mensch wird für dich die Verantwortung übernehmen und sich mit deinen Ängsten beschäftigen, außer du investierst viel Geld. Oh ja, jene, welche dich mit dem Titel des Psychiaters an deine Ängste heranführen, verlangen viel Geld dafür, das sie dir deine Verantwortung abnehmen. In diesem Buch bist du selber gefragt. Wie bitte? Das wußtest du nicht? Dann entschuldige mich bitte, aber ich habe mich wohl getäuscht. Ich dachte, das du mutig bist oder zumindest den Wunsch hast mutig zu sein. Ich dachte, ich hätte es hier mit einem Menschen zu tun, der seine Ängste kennen lernen möchte und ihnen mutig entgegentritt. Ich dachte, du wärst wahrlich einer dieser wenigen Menschen, die ihre eigene Abenteuergeschichte schreiben wollen und es lieben an ihre Grenzen zu gehen, sich selber neue Ziele zu stecken und über sich hinauszuwachsen. Irren ist menschlich und ich schäme mich dafür, das ich mir so sehr in dir getäuscht habe. Nun gut, nicht jeder ist dafür gemacht, sich seiner Angst zu stellen, aber keine Sorge: du kannst schließlich jederzeit dieses Buch weglegen und aufgeben. Denk daran, es ist eine Entscheidung, mehr nicht.

Genug der Worte, kommen wir zu dem visuellen Teil meiner Ausführungen, denn ...

...beim Schreiben ist mir etwas klar geworden: Es kann sehr verwirrend sein, wenn man ausschließlich auf Worte angewiesen ist, um einen Zusammenhang zu begreifen. Also habe ich begonnen, das Gelernte zu verbildlichen, um es dir, werter Leser, einfacher zu machen, meine mentalen Ergüsse nachzuvollziehen. In der Hoffnung, das die nachfolgende Grafik mehr Klarheit als Verwirrung schafft, präsentiere ich dir nun stolz - (Trommelwirbel) - Das Bild:

Huch! Da ist mir wohl ein Malheur passiert, wie peinlich ...!

Natürlich meinte ich dieses Bild:

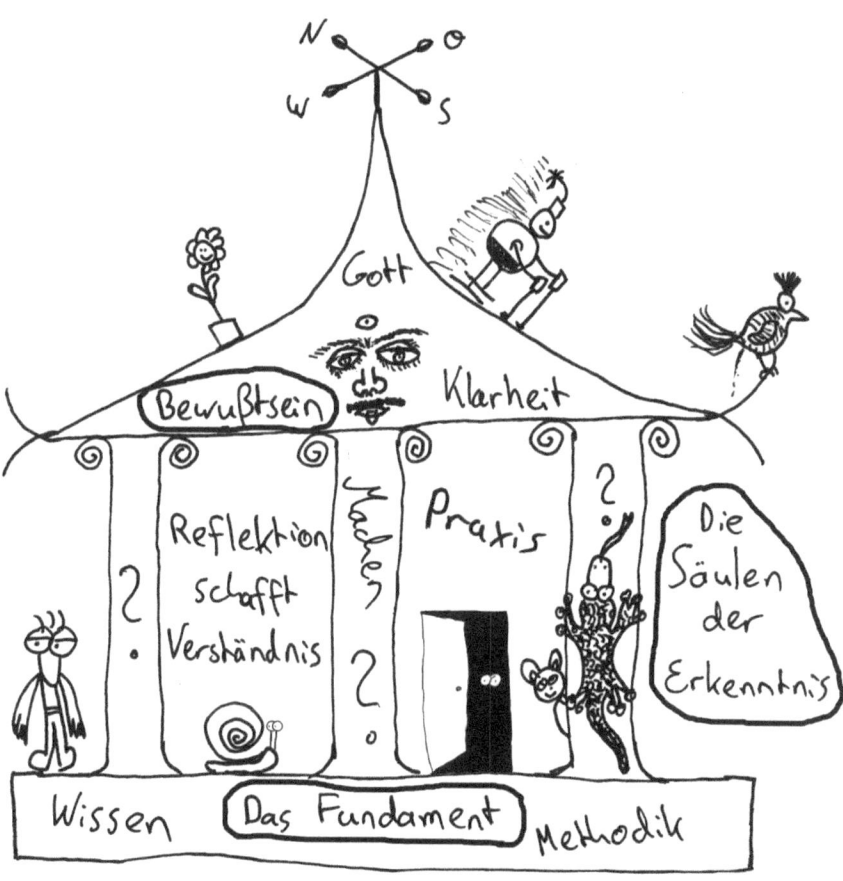

Laß dir gesagt sein, das ich mich bemüht habe, das Dargestellte in den folgenden Zeilen mit dem Worte zu beschreiben. Ich persönlich empfinde diese grafische Darstellung als sehr zutreffend, selbsterklärend und jedem Zweifel erhaben. Trotzdem laß mich dir ein paar erläuternde Worte geben:

Wie du möglicherweise erkennen kannst, ist die Grafik in drei Teile unterteilt (wie dieses Buch) und setzt sich zusammen aus dem 'Fundament', den 'Säulen der Erkenntnis' und dem 'Bewußtsein'. Wie komme ich auf diese Einteilung? Das Fundament ist das, worauf wir stehen. Es gibt uns Sicherheit und Halt. In dem Kontext dieses Buches empfinde ich das Fundament als ein Zusammenspiel einer zugrunde liegenden Methode und unserem Wissen. Methodik und Wissen sind sinnlos, wenn sie nicht angewendet werden. Erst die Anwendung einer Methodik ermöglicht es uns, ihre Früchte zu ernten. Die Frucht in diesem Falle wären Erkenntnisse, welche durch die 'Säulen der Erkenntnis' repräsentiert werden. Durch Erkenntnisse bauen wir uns Säulen, welche dem Tempel oder dem Haus ermöglichen Raum zu schaffen und nach oben zu wachsen. Erkenntnisse sind demnach etwas, das aus der Methodik und der Praxis entstehen und das Dach stabil halten kann. Das Dach wird in diesem Falle als das Bewußtsein deklariert. Wann kann man sich über etwas bewußt oder im Klaren sein? Wenn man etwas verstanden hat, entwickelt man ein Bewußtsein für etwas. Dafür ist es notwendig, die äußere und innere Welt genau zu beobachten und zu erkennen, was genau es damit auf sich hat.

Was bedeutet das konkret? Im ersten Teil dieses Buches versuche ich dir mit deinem Fundament zu helfen. Ich werde dir helfen, Wissen über Angst zu erhalten. Ich werde dir Methoden vermitteln, welche mir geholfen haben, meine eigenen Ängste zu verstehen. Im zweiten Teil dieses Buches werde ich dir helfen, Erkenntnisse zu sammeln, welche aus der Umsetzung des Gelernten entstehen. Ich werde dich ermutigen, Dinge auszuprobieren und etwas in die Tat umzusetzen. Der zweite Teil befaßt sich sehr stark mit dem Tun und damit aus der eigenen Komfortzone herauszukommen. Der dritte Teil bringt alles in einen Zusammenhang und hilft dir zu verstehen, was für Veränderungen du gerade durchmachst. Verändert sich dein Bewußtsein, dann beginnst auch du dich zu verändern. Dies ist das Ziel dieses Buches. Ich versuche dich so gut es gut zu unterstützen und zu begleiten. Sei jedoch gewappnet das sich dein ganzes Leben verändern kann, wenn du beginnst, mit diesem Buch zu arbeiten. Alles in dir wird sich möglicherweise dagegen sträuben, weiter mit diesem Buch zu arbeiten, doch es ist wichtig, das du standhaft bist und an dich und deinen Mut glaubst.

2 - Verstehen

Viel wurde bereits gesagt und ich kann verstehen, wenn du erst mal eine kleine Pause einlegen möchtest. Ich werde es jetzt zumindest tun und einfach mal ein wenig Sport machen gehen! Bis gleich...

a - Was ist Angst?

Am Anfang ist es sicherlich sinnvoll, eine Art Definition von 'Angst' anzubieten. Jedoch finde ich es schwierig, Angst so sehr einzuschränken, das wir sie mit wenigen Worten erfassen können. Ich empfinde es als wesentlich einfacher, damit zu beginnen, grundlegend zu beschreiben und dich dabei zu unterstützen, dein eigenes Verständnis von 'Angst' zu erlangen. Dazu habe ich zuallererst eine Reihe an Begriffen gesammelt, welche ich mit dem Wort 'Angst' assoziiere/ in Verbindung bringe:

Das Unbekannte	Das Verborgene	Gegenspieler des Vertrauens
Der Sog ins Nichts	Die Treibende	Werkzeug des Terrors
Das Ungewisse	Der Zweifel	Notwendigkeit der Versicherung
Hoffnungslosigkeit	Kälte	Die Verlockung der Ungeduld
Eine Entscheidung	Ein Trugbild	Ein Scheinbild unserer Selbst
Ein Pfad zur Liebe	Frustration	Die Möglichkeit zu wachsen
Eine Lektion	Eine Heldenreise	Ein Grund für Hoffnung

Ich verstehe Angst als Energie. Wenn du dich ein wenig mit Spiritualität beschäf-tigt hast, dann hast du sicherlich das ein oder andere über Energie gelesen oder gehört. Aus dem englischen können wir uns den Begriff Emotion herleiten. E-motion. Energy in motion. In die deutsche Sprache übersetzt, bedeutet es 'Energie in Bewegung'. Angst ist eine Emotion, welche teilweise so stark sein kann, das wir uns nicht bewegen können. Wenn ein Hund zähnefletschend auf dich zurennt, übernimmt die Angst deinen Körper und du stehst vermutlich stocksteif dar. Wenn du glaubst, eine Spinnenphobie zu haben, dann würde die Berührung oder auch nur der Anblick einer solchen, Emotionen der

Angst in dir auslösen. 'Auslösen'. Schön, wie die deutsche Sprache mir in meinem Schreibfluß unter die Arme greift. Auch hier können wir uns der englischen Sprache bedienen, um unser Verständnis des Wortes 'auslösen' zu erweitern. Im englischen Sprachgebrauch verwendet man das Verb 'to trigger', wessen Ursprung bei dem niederländischen Wort 'trekken' zu suchen ist. Trekken wiederum bedeutet 'to pull' oder 'ziehen'. Ohne jetzt vollständig in die Etymologie einzutauchen. bediene ich mich meines eigenen Verstandes, um den Begriff zu erklären. Wenn ich das Wort 'ziehen' in einen Zusammenhang mit 'Angst' bringe, dann eröffnet sich mir Folgendes: Eine Angst ist ein Zustand, in dem äußere Faktoren etwas in uns 'auslösen' und somit an die Oberfläche bringen. Der Anblick einer Spinne beispielsweise, 'zieht' ein Erlebnis aus der Vergangenheit, welches man mit Spinnen verbindet, in unser augenblickliches Wahrnehmungsfeld. Dies geschieht meistens unbewußt, was zur Folge hat, das der Betroffene lediglich die Symptome der Angst wahrnimmt. Was jedoch meistens im Verborgenen bleibt, ist die Herkunft eben dieser Angst. Zu lernen wo die Wurzeln unserer Ängste sind, bringt mich zurück zu der Geschichte des alten Mannes. Ich denke, das das was ich damit meine selbsterklärend ist und wenn nicht, dann findest du hier bereits deine erste Aufgabe. Finde es heraus. Falls du dachtest, das ich dir hier alles auf dem Silbertablett serviere, dann hast du dich getäuscht. Falls du dabei sogar das Gefühl der Enttäuschung empfindest, dann sei dankbar. Denn wer sich täuscht, erkennt nicht wie es tatsächlich ist. Bin ich von jemandem enttäuscht, so kann ich ihm das zum Vorwurf machen, oder ich erkenne meinen eigenen Irrtum an und erweitere meinen Horizont. An altem festzuhalten, verhindert das wir vorwärtskommen. Ist jemand enttäuscht von Dir, so freue dich, das er von nun an ein klareres Bild von dir hat. Nimm es nicht persönlich! Entscheidet er sich, dir dies zum Vorwurf zu machen, so hast du immer noch die Möglichkeit auf ihn zuzugehen und deinen Standpunkt zu erläutern, oder ihn in seinem Gefühl der Enttäuschung stehen zu lassen. Wieviel Energie wir in andere Menschen stecken, hängt von unserer Beziehung zu ihnen ab. Manchen Menschen habe ich schlichtweg den Rücken zugekehrt, denn sie davon zu überzeugen, das ich trotzdem liebenswert bin, hätte sehr viel Zeit in Anspruch genommen. Ich habe gelernt, das man diese Zeit manchmal besser investieren kann. Zum Beispiel in Menschen die das Gute in einem sehen möchten und nicht stehen bleiben, sondern auf einen zugehen. Nach diesem kurzen Schlenker, wieder zurück zum Thema:

Wie wir nun feststellen durften, haben Emotionen etwas mit Energie und Bewegung zu tun. Was geschieht nun, wenn diese Energie nicht fließt, starr ist und an einem Ort verweilt? Nehmen wir das Beispiel eines Kindes, welches im zarten Alter von 9 Monaten von seinem Bruder unter Wasser getaucht wird, bis es fast zum Erstickungstod kommt. Dem ebenfalls sehr jungen Bruder kann man später sicherlich keinen Vorwurf machen, denn auch er ist ein Opfer seiner eigenen Emotionen gewesen. Das besagte Kind hat im Alter von 9 Monaten ein Trauma erlitten, eine Verletzung. Jedoch ist hier nicht von einer physischen Verletzung die Rede, sondern von einer emotionalen. Mit offenen Wunden verhält es sich in der Regel so, das diese verheilen solange man dafür sorgt, das sie gereinigt werden. Bei physischen Wunden ist dies mehr oder weniger simpel, denn man kann sich seiner Augen bedienen. Somit kann man die Wunde beobachten und versorgen, bis sie vollständig verheilt ist. Bei emotionalen Wunden ist dies nicht ganz so einfach, denn man sieht sie nicht. Außer man bedient sich des inneren Auges. Bei dem Beispiel des 9 Monate alten Kindes, wird dieser Vorfall sicherlich in Vergessenheit geraten. Im späteren Jahren kann es dann zu einer 'unerklärlichen' Angst vor Wasser oder vor dem Ertrinken kommen. Eltern und Verwandte werden sich dann sicherlich daran erinnern, das der Betroffene bereits in jungen Jahren Angst vor Wasser gehabt hat. Jemand braucht jetzt nur noch den Begriff der 'Phobie' in den Raum werfen und der scheinbar 'unerklärlichen' Angst, wird eine medizinisch schlüssige Daseinsberechtigung gegeben, mit der sich die meisten Menschen zufrieden geben werden. „Ich kann da nichts machen, ich habe eine Wasserphobie."Klingt diese Aussage vertraut? „Ich bin halt so. Ich hatte schon immer Angst vor Spinnen. Es scheint wohl eine Phobie zu sein."Demnach bezieht sich mein Verständnis einer Angststörung (Phobie), häufig auf eine vorhergehende Emotion, welche mit einer Erfahrung verknüpft ist. So eine Erfahrung kann eine Vergewaltigung, eine Nahtoderfahrung, eine Ohrfeige, oder aber auch ein Gespräch, eine Standpauke oder ein beiläufiges Wort sein. Wie du sicherlich aus der Dschungelgeschichte entnommen hast, kann auch einseitiges Wissen Ängste verursachen.

Im Grunde geht es um eine Erfahrung, welche eine emotionale Verletzung mit sich führt. Einem Kind das Gefühl zu geben, das es nicht liebenswert ist, ist verletzend. Ein Kind zu schlagen oder eben mit 9 Monaten unter Wasser zu drücken, ebenso. Diese Form der Verletzung ist nicht mit dem bloßen Auge beobachtbar. Sie verbirgt sich tief in unserem Innersten. Die meisten Ängste sind völlig 'irrational' und scheinbar nicht erklärbar. Was ich damit meine, ist das Angst mit dem Verstand alleine, kaum ergründet werden kann. Um den eigenen Ängsten auf die Spur zu kommen, ist es unabdinglich, sich den unterliegenden Emotionen zu widmen. Da sich diese Emotionen zumeist gut verstecken, ist es zunächst schwierig an die Wurzel des Problems zu kommen. Wir Menschen sind Meister der Leugnung und verweilen gerne in dem Glauben, das wir kein Problem haben. Die Anerkennung des Problems ermöglicht es uns jedoch die die Ursprungswunde zu heilen.

b - Was verstärkt unsere Ängste?

Was verstärkt unsere Ängste? Im Grunde vollzieht sich jede Angst in uns selbst und ist so individuell, das es schwierig ist, allgemeingültige Aussage zu treffen. Jedoch gibt es gewisse Faktoren, die dazu beitragen, das Ängste stärker werden können. Viele dieser Faktoren sind scheinbar zu unserem Besten und bereits ein Teil unseres Alltags. Hier werde ich zum ersten Mal den Begriff der Entscheidungsfreiheit, oder des freien Willens, gebrauchen. Alles was wir in unserem Leben tun, basiert auf unseren Entscheidungen. Es ist wichtig die Konsequenzen für unser Handeln zu erkennen und bewußte Entscheidungen zu treffen. Somit ist es auch wichtig, sich im Klaren darüber zu sein, welche Art von Energie wir in unser Leben integrieren. Ich möchte dir im Folgenden einige Beispiele für Dinge geben, welche sich negativ auf uns und unser Umfeld auswirken.

Die mediale Wahrheit

Wir alle haben schon einmal etwas von Psychoterror gehört. Man wird solange mit Worten oder Taten drangsaliert, bis es einen außerordentlich unter Druck setzt. Diese Form des Terrors hinterläßt keinen physischen Schaden, sondern ist eher emotionaler, psychischer oder seelischer Natur. Man könnte auch sagen, das eine außenstehende Person uns solange seelisch bedrängt, bis wir eine Angststörung erleiden. Denn im Grunde tut uns die besagte Person ja nichts. Wir könnten diese Botschaften oder Worte einfach ignorieren und nicht auf uns beziehen. Richtig? Oder zweifelst du meine Aussage an? Ich bin noch nicht ganz fertig mit meinen Ausführungen, also urteile nicht zu schnell!

Eine mögliche Definition von 'Terror', könnte in etwa so lauten und ist in ähnlicher Weise im Internet zu finden:

„Terror ist eine gezielte Verbreitung von Angst und Schrecken, um gewisse Machtansprüche durchzusetzen.“

Wenn ich einen Mitmenschen terrorisiere - und dieser sich terrorisieren läßt - so versuche ich ihn mir unterzuordnen. Der Terrorist ist somit derjenige, der die Macht ausübt und das sogenannte 'Opfer' ist jener, welcher als Ziel der Machtausübung dient. Stimmen wir soweit überein? Der Terrorist trifft also eine bewußte oder unbewußte Entscheidung, einen Mitmenschen solange psychisch zu malträtieren, bis dieser nachgibt und in Angst lebt. Somit erschafft der Terrorist ein Regime der Angst. Das 'Opfer' hingegen, sucht sich nicht bewußt aus von einem außenstehenden terrorisiert zu werden. Es wird ihm aufgezwungenen. Der Terrorist ist aktiv und das 'Opfer' ist passiv. Wieso ich 'Opfer' immer in Anführungszeichen setzte, werde ich noch erläutern, keine Sorge. Nun zu einem kleinen Zwischenergebnis:

Der Terrorist hat die Oberhand und kontrolliert das seelische Wohlbefinden des 'Opfers'. Somit entsteht eine hierarchische Struktur, in der die eine Instanz der anderen übergeordnet ist. Demnach möchte ich nun schlußfolgernd zusammenfassen, das Terror gezielt eingesetzt wird um hierarchische Strukturen aufrecht zu erhalten.

Jetzt kommen wir so langsam zu dem Punkt, den ich versuche zu machen. Wieso genau rede ich über diese Thematik? Es geht um Methoden um Angst zu verstärken. Terror verursacht Angst. Stellt euch folgendes Szenario vor:

Ein Mann kommt nach Hause von der Arbeit. Er ist erschöpft und möchte sich eigentlich nur entspannen. Zum Glück wartet seine Frau mit dem Essen auf ihn. Sie nehmen gemeinsam das Abendessen zu sich und unterhalten sich flüchtig über den jeweiligen Tag. Im Anschluß wird das Geschirr weggeräumt und das routinierte Abendprogramm kann beginnen. Beide sitzen um 20 Uhr auf der Couch und schalten die Nachrichten ein. Es geht los. Die erste Nachricht handelt von einem Terroranschlag in Amerika. Ein Wolkenkratzer wurde von einem Flugzeug getroffen und abertausende Menschen sind verbrannt. Es geht weiter. Ein Tsunami hat ein Dorf in Thailand verwüstet und zahlreiche Angehörige trauern und sind verzweifelt. In Kanada gab es einen Amoklauf. In Frankfurt kommt es zu Streiks wegen zu niedrigen Löhnen. Der Klimawandel läßt den Meeresspiegel steigen und die Niederlande werden vielleicht bald überflutet werden. Der Borkenkäfer zerstört die heimischen Wälder und alles muß abgeholzt werden.

So oder so ähnlich werden Weltweit Nachrichten verbreitet. Ganz schön dramatisch, was so in der Welt passiert, oder? Jetzt stelle ich mir jedoch die folgende Frage: „Wieso interessiert es einen deutschen Arbeiter, was in Thailand schreckliches passiert ist?"

Wieso ist es relevant für mein Leben in Deutschland, das in Kanada ein Amoklauf passiert ist? Wieso? Nenn DIR bitte einen guten Grund, wieso diese Information relevant ist. Einen wirklich ernst gemeinten Grund. Ich bezweifle das du einen finden wirst. Selbst wenn du nächste Woche vor gehabt hättest nach Kanada zu fliegen, wäre diese Information nicht relevant für Dich. Wieso? Alleine statistisch gesehen, ist es dermaßen unwahrscheinlich, das du bei deinem Kanadabesuch in einen Amoklauf involviert wirst, das es schlichtweg irrelevant ist so etwas zu wissen.

An dieser Stelle stellt sich mir dann eigentlich nur noch eine Frage. Wieso?

Welchen Grund haben Nachrichtendienste uns mit derlei negativen Botschaften zu bombardieren? Sei es nun Radio, Fernsehen oder Internet. Überall sehe ich das gleich Muster. Negativität im Überfluß. Ohne jetzt zu stark zu verurteilen oder mit dem Finger auf die 'Gesellschaft' an sich zu zeigen, ist dies jedoch ein sehr starker Kritikpunkt. Die Illusion, das wir vollkommene Meinungsfreiheit besitzen, wurde uns spätestens mit der kürzlich erlassenen Pandemie genommen. Menschen wurden öffentlich für ihre Kritik an der Richtigkeit eines Virus denunziert. Wenn wir in einer Welt leben, wo Meinungsfreiheit tatsächlich gegeben ist, dann würde niemand für seine Meinung ausgegrenzt werden. Demnach leben wir in einer Scheinwelt und Meinungsfreiheit ist eher ein Ideal als Realität. Jetzt werde ich sicherlich einigen Menschen auf den imaginären Schlips treten mit meinen Ausführungen. Lediglich die Angst vor Ausgrenzung oder der Konsequenz durch die Behörden würden mich davon abhalten, hier öffentlich meine Meinung kundzutun. Dabei ist es wichtig hervorzuheben, das ich nichts propagiere noch leugne, sondern lediglich eine Perspektive biete. Aber wiederum stellt sich die Frage, wieso rede ich über dieses Thema? Was hat Angst mit Nachrichten und Meinungsfreiheit zu tun? Wenn ihr mir jetzt noch folgt, dann habt ihr es euch auch verdient, an der Schlußfolgerung teilzuhaben.

Die Medien Weltweit zeigen gerne mit ihrem Finger auf Bartträger arabischen Ursprungs und bezeichnen sie als Terroristen. Na ja, zumindest vor der derzeitig aktuellen Pandemie. Kommen wir noch einmal auf die Bedeutung von Terror zu sprechen: „Terror ist eine gezielte Verbreitung von Angst und Schrecken, um gewisse Machtansprüche durchzusetzen."

Für mich hört sich das sehr stark nach dem an, was unsere Nachrichten tun. Warum? Weil Nachrichten eine negative Momentaufnahme der Welt erzeugen. Wenn sie neutral wären, dann könnten sie ebensogut positive Nachrichten ausstrahlen. Oder beides. Anstatt von Klimaproblemen zu sprechen und dem Verlust der Eisbären, könnte man ebensogut über Klimaerfolge sprechen. Es gibt unzählige Projekte auf dieser Welt, welche genau in eben dieser Sekunde gutes tun. Jedoch höre ich davon nie, oder sehr selten, außer ich suche explizit danach.

Schlußendlich habe ich eine Empfehlung: Glaub mir nicht alles was ich sage, sondern teste es selber aus. Setze dir einen Zeitraum von 8 Wochen in dem du keinerlei Nachrichten konsumierst. Kein Radio. Kein Fernsehen. Auch nicht in den sozialen Medien. Wenn jemand über die Nachrichten spricht, dann blocke einfach ab. Sag, das es dich nicht interessiert, oder das du nicht darüber sprechen möchtest. Ich persönlich habe noch nie aktiv die Nachrichten verfolgt. Ich habe nie den Sinn darin gesehen, mir diese ganze Negativität anzusehen und witzigerweise, bin ich fähig in vielem etwas positives zu finden (außer vielleicht den Nachrichten). Die Menschen in meinem Umfeld, die regelmäßig Nachrichten gucken, haben allesamt eine negative Einstellung zum Leben. Ich gucke auch nie nach dem 'Wetter'. Wieso das? Weil der Wetterbericht schlechtes Wetter macht. Oder besser gesagt, er macht Wetter schlecht. Wetter in 'gut' und 'schlecht' einzuteilen, hat zur Folge, das wenn es regnet, man automatisch eine negative Einstellung hat. Der Tag hat schon einen negativen Beigeschmack weil es regnet. Dabei verdanken wir es dem Regen, das wir essen und trinken können.

Ich denke ich habe meinen Standpunkt zu dem Psychoterror, dem wir uns freiwillig aussetzen, wenn wir Nachrichten gucken, klargemacht. Alles andere liegt bei Dir. Beobachte und mache dir Deine eigenen Gedanken.

Television

Und weiter geht's im Text. Wenn ich ganz ehrlich bin, ist es häufig ein ganz schöner Kampf mit mir selber, dieses Buch zu schreiben. Ich muß daran denken, wieviel ich eigentlich noch sagen müßte, um alles zu sagen was ich über Angst gelernt habe, das mich der Mut verläßt. „Alles so anstrengend", denke ich dann. „Geh doch lieber eine Runde spazieren oder mach irgend etwas anderes, was jetzt mehr Spaß macht", führt sich die Gedankenspirale fort. „Schalte doch den Fernseher ein oder zocke eine Runde an der Konsole, so wie früher, als du noch klein und Sorgenfrei warst", ist auch sehr beliebt. Laß mich dir etwas dazu sagen:

Es geht im Leben nicht immer nur um Spaß, sondern darum, etwas Sinnvolles mit der Zeit zu tun, die uns gegeben wurde. Sicherlich könnte ich jetzt einen bekannten weißen Zauberer zitieren, welcher einmal etwas ähnlich bedeutsames, zu einem halbwüchsigen, mit stark behaarten Füßen sagte. Meinst du, Abenteuer kommen zu dir, während du vor dem Bildschirm hängst und deine Zeit vergeudest? Meinst du, Wissen kommt von alleine in deinen Kopf? Meinst du, irgendeiner deiner Helden, sei es Fiktion, real, Hollywood oder Computerspiel, ist zu dem geworden der er ist, weil er seinen Feierabend damit zubrachte zu zocken oder Chips vor der Glotze zu futtern? Nein! Ganz eindeutig, nein.

Nun gut, diese Thematik werde ich sicherlich noch einmal aufgreifen, denn sie ist enorm wichtig für deine Reise. Zunächst einmal geht es darum, wie sich Computerspiele und Filme auf deine Ängste auswirken können. Viele der heutigen Filme, Serien und Computerspiele sind gewaltverherrlichend. Viele sind geradezu grausam, auch wenn es häufig abgetan wird, das Ballerspiele negative Effekte haben könnten. Tatsache ist, das ich früher zur Belustigung einige Horrorfilme geguckt und gruselige Spiele gespielt habe. Ich hatte des häufigeren Angst im Dunkeln, ohne jemals schlechte Erfahrungen in der Dunkelheit gemacht zu haben. Wenn ich mir angucke, was alles an Kriminalromanen und Filmen auf dem Markt ist, wundert es mich nicht, das viele Menschen Angst haben, nachts alleine im Wald zu sein. Denn das, womit wir uns beschäftigen, laden wir in unser Leben ein. Spielen wir gewaltverherrlichende Spiele und gucken ebensolche Filme, so sehen wir diese Dinge mit unseren Augen. Doch kann unser Bewußtsein nicht unbedingt unterscheiden, ob dies nun Realität ist oder nicht. Wir setzen uns auf einer Ebene dieser Gewalt aus und somit leben wir für unser Bewußtsein, in einer Welt, in welcher solche Gewalt existiert. Zu kompliziert? Finde ich auch! Laß mich einen neuen Ansatz versuchen: Filme, Serien, Bücher, Musik und Computerspiele die sich mit Angst, Gewalt, Haß oder anderen extremen Emotionen oder Handlungen beschäftigen, haben eine Wirkung auf uns. Indem du dich mit diesen Inhalten beschäftigst, wirst du damit konfrontiert. Dein Bewußtsein, oder Unterbewußtsein, wird ebenfalls damit konfrontiert und muß diese Eindrücke verarbeiten. Einen Kriegsfilm zu gucken ist vermutlich nicht dasselbe, wie selber an einem Krieg teilzunehmen. Trotzdem werden wir mit den Bildern und den Emotionen konfrontiert. Diese Bilder sind durchaus beängstigend und können dafür sorgen, das eine Angst vor Krieg entsteht. Obwohl man vermutlich durchs Leben kommt, ohne an einem Krieg teilnehmen zu müssen, würden Kriegsfilme die Angst vor einem Krieg verstärken können. Wenn du mal ein paar Minuten Zeit hast, dann würde ich dich bitten, Cartoons zu gucken. Ich habe letztens meine Kindheit wieder aufleben lassen und einige Folgen verschiedener Serien geschaut. Was ich dort sah, fand ich äußerst erschreckend. Cartoons sind absolut verstörend. Ein Mensch, welcher solchen Inhalten ausgesetzt wird, findet es vielleicht in Ordnung, wie grausam eine Maus mit einer Katze umgehen kann. Auf einer Ebene ist dies vielleicht sehr belustigend, jedoch ist es auf einer anderen Ebene sehr verstörend. „Mein Gott, jetzt kann man laut dem Typen hier noch nicht einmal mehr Cartoons gucken, ohne verrückt zu werden?", denkst du dir jetzt? Denke ruhig. Aber verurteile niemanden für etwas, wovon du keine Ahnung hast. Wenn du dich nicht ausgiebig mit diesem Thema beschäftigt hast, kannst du es nun mit einer Handbewegung abtun, aber Fakt ist, das du keine Ahnung hast. Entschuldige bitte die harten Worte, aber so ist es nun einmal. Von außen betrachtet, wirkt es absolut harmlos ein Ballerspiel zu spielen, einen Krimi oder eben Cartoons zu gucken. Geht man jedoch etwas tiefer als die Oberfläche, so stellt man fest, das diese Dinge sehr wohl einen Einfluß auf uns haben. Hast du dich mal gefragt, wie es für ein Kind ist, wenn es Cartoons guckt, Computerspiele spielt oder Bücher liest? Ich kann mich sehr gut daran erinnern, wie mich Fantasyromane förmlich verschlungen haben. Für mich war das was ich dort sah, laß oder hörte, durchaus real. Mir geht es nicht darum das man solchen Inhalten vollständig entsagt, sondern das man sich bewußt darüber wird was sie mit einem machen. Die Aufgabe dieses Buches ist es, ein Bewußtsein zu schaffen für Angst. In einer Welt voller Angst scheint es nicht weiter schlimm zu sein, einen Horrorfilm zu gucken. Doch vielleicht lebst du in einer Welt voller Angst, weil deine Welt voller Angst ist?

Genau an dieser Stelle möchte ich dir das 'Gesetz der Anziehung' vorstellen (Law of Attraction). Das, was ich aussende, ziehe ich in mein Leben. Ich beschäftige mich mit negativen Dingen und ziehe somit negatives in mein Leben. Angst entsteht, ähnlich wie bei den Nachrichten, indem ich mich angstvollen Inhalten aussetzte. Geht dein Puls hoch, wenn du Ballerspiele spielst? Rechnest du manchmal damit, das Leute dich angreifen, wenn du durch die Stadt gehst (nachts oder tagsüber)? Kannst du ohne Probleme nachts alleine und ohne Licht, im Wald herumlaufen? Bist du entspannt in der Dunkelheit? Vermutlich nicht, denn wieso sonst hältst du dieses Buch in den Händen? Mittlerweile gucke ich lieber seichte Filme, welche meine Lebensfreude wecken. Wenn deine 3-jährige Tochter etwas nicht gucken sollte, weil es zu aggressiv ist, solltest du es vielleicht auch nicht gucken. Wir glauben häufig, das wir stark sind und uns solche Dinge nicht beeinflussen, doch dies ist ein Irrtum. Seit ich aufgehört habe, mich mit gewaltverherrlichenden und angsteinflößenden Inhalten zu beschäftigen, bin ich sehr viel ruhiger geworden. Wenn ich jetzt bei anderen zu Besuch bin und sehe, wie dort irgendwelche Krimis geschaut werden, in denen es um Vergewaltigungen, Verfolgungsjagden, Schußwechsel oder andere negative Themen geht, spüre ich sehr schnell, wie ich beginne mich unwohl zu fühlen. Ich kann dort sitzen und förmlich die Spannung im Raum spüren. Jene, welche solche Filme täglich oder regelmäßig gucken, spüren es schon gar nicht mehr. Sie sitzen dort und regen sich über die Inkompetenz der Polizisten auf. Sie verurteilen den Kinderschänder und fiebern eifrig mit. Das ganze Drama geschieht eigentlich nur in einem Bildschirm. Trotzdem vollzieht sich dieses Drama auch in uns. Spannung entsteht und unser 'Sinn für Gerechtigkeit' verlangt, das der Kriminelle zur Rechenschaft gezogen wird. „WAS MACHT ER DENN DA?; IST DER TYP EIGENTLICH TOTAL BESCHEUERT?". Lautstark regen sich die Zuschauer auf. Sie sind angespannt. Sie kauen auf ihren Fingernägeln, oder sie trauen sich kaum hinzusehen. Sie fiebern geradezu mit dem Krimi mit und sie fühlen den Schmerz und die Trauer und den Horror dem sich die Polizei und die Darsteller aussetzen müssen. Diese Filme sind förmlich dazu geschaffen, uns wütend oder ängstlich zu machen. Spannungskurve? Sicherlich ist dir der Begriff schon mal über den Weg gelaufen. Spannend. Etwas spannt sich. Wenn wir verspannt sind, dann haben wir Nackenschmerzen. Zu viel Spannung, spannt uns an. Wie ein Leopard, der kurz davor ist eine Gazelle zu erlegen. Denkst du dieser Leopard ist die ganze Zeit so angespannt? Natürlich nicht! Ein Leopard weiß, das zu viel Spannung nicht gut ist, also spannt er sich nur kurz vor dem Angriff an. Den Rest der Zeit liegt er irgendwo rum und wäscht sich, oder schläft. Er entspannt sich um seine Energiereserven zu schonen. Jetzt stell dir einmal vor, das ein Mensch sich nach einem angespannten Tag auf der Arbeit, mit etwas wie Krimis oder Ballerspielen, entspannen möchte. Ziemlich kontraproduktiv nicht wahr? Wenn ich (ich, der Autor) also mein gewohntes Abendprogramm für einige Minuten verlasse und mich mit einem Krimi konfrontiert sehe, geschieht ungefähr das Folgende: Ich gehe nach etwa 5 Minuten wieder, weil ich merke das es mich aufwühlt. Die Spannung der Anderen macht mich nervös. Ich möchte so etwas in meinem Leben nicht mehr haben, also meide ich den Kontakt. Ich sitze lieber alleine und entspannt in meinem Zimmer oder vor der Tür, als an Dingen teilzunehmen die mich negativ beeinflussen.

Als Test habe ich zwei Bilder gemalt und sie nebeneinander angeordnet. Überprüfe, ob du einen Unterschied feststellst in der Art wie sie auf dich wirken. Das eine düster und das andere eher lichtvoll:

Wenn du magst, kannst du hierzu einen Selbstversuch starten. Du kannst dir einen Zeitraum von 6-8 Wochen geben, in dem du vollständig auf Computerspiele, Handyspiele, Filme, Videos, Serien oder Bücher verzichtest, die sich irgendwie mit Gewalt oder Angst befassen. Am besten wäre es sogar, wenn du es für diesen Zeitraum schaffst, komplett auf diese Medien zu verzichten. Ich weiß, das ist sehr viel verlangt. Rechne mit Entzugserscheinungen. Wieso? Du bist vermutlich abhängig. Doch ist es wichtig, etwas Abstand zu unseren Gewohnheiten zu bekommen, um sie dann aus einer etwas neutraleren Sichtweise betrachten zu können. Du glaubst, das du das nicht schaffen kannst? Warte besser mit deinem vorschnellen Urteil, bis du bei dem Teil über Glaubenssätze angekommen bist. Bis dahin möchte ich dir mitteilen, das ich deine Zweifel durchaus nachvollziehen kann. Auch ich habe es als unmöglich empfunden, jemals auf Filme zu verzichten und dafür etwas anderes zu tun. Jahrelang habe ich täglich Filme geguckt und es sogar als mein Hobby bezeichnet. Mittlerweile gucke ich sie ab und zu, aber sie langweilen mich häufig und ich gucke sie nicht zu Ende. Wieso? Weil ich gelernt habe, mich mit mir selbst zu beschäftigen. Ich tue lieber etwas kreatives, anstatt die ganze Zeit auf einen Bildschirm zu starren. Du zweifelst immer noch daran, das Du das kannst? Schade, dabei dachte ich, das ich es hier mit jemandem zu tun habe, der sich vor keiner Herausforderung scheut. Weißt du was? Ich bin mir sogar ziemlich sicher, das Du das kannst. Ich glaube fest daran, das wenn du wirklich in deinem Leben etwas ändern möchtest, du in der Lage dazu bist. Ich glaube an dich! Denn du bist einzigartig und mutig, das weiß ich ganz genau. Wieso sonst würdest du dieses Buch lesen? Einzig und allein der Wunsch nach Abenteuern und Mut hätte dich dazu bewegen können, dieses Buch zu lesen. Den ersten Schritt hast du bereits getan, also warum jetzt stehen bleiben?

Ernährung

„Oh nein, bitte nicht! Habe Erbarmen mit uns!", jaulte die Menge und flehte. Doch unbestechlich war der Mann, welcher zu ihnen sprach. Zu wichtig und zu relevant waren seine Worte für die Allgemeinheit. Er wußte, das wenn die Menschheit sich aus der Angst befreien wollte, sie ihre Ernährung verändern mußte, denn:

DEINE ERNÄHRUNG VERÄNDERT DICH!

Du hast richtig gelesen, Gratulation! Ich bin der Meinung, das ein Großteil der heute lebenden Menschen sich absolut falsch ernährt. Korrekt! Die meisten Menschen haben eine absolut selbstmörderische Ernährung. Wieso fühle ich mich qualifiziert, darüber zu sprechen? Nun Schätzelein, das wirst du alsbald erfahren...

Vor einigen Jahren habe ich so etwas wie chronisches Sodbrennen entwickelt. Mittlerweile habe ich einiges darüber herausgefunden und bin mir mehr oder weniger bewußt, was die Auslöser dafür sind. Wie hört man so oft und gerne, das der Mensch ja schließlich ein Gewohnheitstier sei. Wenn man sich wie ein Tier verhält und wahllos irgendwelche Dinge in sich hineinschaufelt, dann ist man das sicherlich. Von den Mengen, die wir heutzutage essen und laut Statistik auch essen sollen, mal ganz zu schweigen. Niemand kann anhand des Alters und des Gewichts - hiermit ist dann wohl der BMI gemeint - errechnen wieviel oder was genau ein Individuum essen sollte, um gesund zu leben/sein. Wieso? Weil man Ernährung nicht standardisieren kann. Wußtest du das die Lichtgeschwindigkeit standardisiert wurde? So vermittelt dieser wunderbar konstante Wert den Eindruck, das Licht immer gleich schnell sei, welches nicht der Realität entspricht. Vermutlich wollte es sich jemand einfach machen und hat schnell mal eben das Mittel errechnet und gesagt, es sei immer so. Ähnlich verhält es sich mit der Ernährung. Es ist unmöglich, Ernährung zu standardisieren, da jeder Mensch individuell ist. Du surfst durch die Weiten des WORLD WIDE WEB und willst wissen, was gesund ist. Eine Seite wird dir vehement versichern, das Kokosöl das beste überhaupt ist: „Einfach jeden Morgen einen Eßlöffel Kokosöl auf nüchternen Magen und alles wird besser!" In einem anderen Forum liest du: „Kokosöl ist der letzte Rotz!" Was entspricht denn jetzt der Wahrheit? Genau die richtige Frage! Dies war ein sehr vereinfachtes Beispiel, aber kann mit einer endlosen Reihe an Nahrungsmitteln fortgeführt werden. Alles und nichts scheint heutzutage gesund zu sein. Olivenöl oder kein Olivenöl zum Braten? Erdnüsse oder Mandeln? Werde ich von Soja nun zu einer Frau wegen dem ganzen Östrogen? Sollte ich eine Blutgruppendiät machen? Braucht der Körper Fleisch? B12, Eisen, Vitamin C??????

Kurzum: Ich, Du, er, sie und es sind verwirrt. Ich versuchte in den letzten 8 Jahren herauszufinden wieso ich sehr häufig Sodbrennen hatte. Nach zahlreichen Tests und Schläuchen, die in meinen Körper eingeführt wurden, sagte der letzte schulmedizinisch geschulte Arzt den ich jemals wieder in dieser Sache befragen werde, das Folgende zu mir: „Dann essen Sie doch einfach weniger Kuchen".

Im Ernst? Das ist die Antwort der Schulmedizin? Die hochgepriesene Schulmedizin ist so weise, das sie mir den Tip gibt 'einfach' weniger Kuchen zu essen. Ich sage dir etwas im Vertrauen: Ich esse so gut wie nie Kuchen. Also kam ich zu der Schlußfolgerung, das ich meine Gesundheit selbst in die Hand nehmen muß. Zum Glück stellte sich durch einen Freund heraus, welcher Ernährungsberater ist, das ich einen Darmpilz habe. Diese Pilze sind nichts Ungewöhnliches, doch sie breiten sich in unserem Körper aus und machen Unfug. Sie produzieren Giftstoffe. Sie schreien nach leeren Kohlenhydraten und nach Zucker. Wenn du denkst, das Du Deine Heißhungerattacken bist, dann kann ich dich beruhigen. Oft kommt der Wunsch nach etwas Spezifischem nicht von uns selbst, sondern aus unserem Darm. Unser Darm signalisiert dem Körper, was wir essen sollen und er bestimmt auch unser

Gemüt. Tests haben gezeigt, das wenn man die Darmbakterien einer aggressiven Maus in den Darm einer ruhigen Maus gibt, die ruhige Maus aggressiv wird. Unser Darm hat also Einfluß auf unser Gemüt. Ich fing also an mit einer Entgiftungskur, um meinen Körper vom Pilzbefall zu befreien. Dazu bin ich nicht zu einem Arzt gegangen, sondern habe mich von einer Person beraten lassen, der ich vertraue. Diese Person riet mir eine Kur mit anorganischem Schwefel zu machen. Dieser Schwefel entgiftet den Körper und der Darm wird einmal richtig entrümpelt. Dazu wurde mir geraten Algen für den Jodhaushalt, Kurkuma mit schwarzem Pfeffer für den Wiederaufbau der Darmwand, sowie Zink und Magnesium einzunehmen. Die Mengenverhältnisse können sicherlich variieren, jedoch war es in meinem Falle (also meine ganz persönliche Erfahrung, die ich keinem der noch bei Verstand ist, jemals empfehlen würde) die folgende Zusammenstellung: 1 Teelöffel (TL) Schwefel, 1 TL Kurkuma mit einer Prise schwarzem Pfeffer und ein TL Algen (Kelp) dreimal täglich. Die Einnahme erfolgte stets zu den Mahlzeiten. An Tagen wo ich nicht gefrühstückt habe, oder eine Mahlzeit wegfiel, habe ich diesen Cocktail trotzdem zu mir genommen. Weil dieses ganze Pulver nicht so appetitlich für mich war, habe ich mir umgehend eine Kapselmaschine bestellt und Leerhüllen in der Größe 00. Also nahm ich schlußendlich jeweils 6 Kapseln (2+2+2), dreimal täglich zu mir. Schwefel wirkt auf verschiedenen Ebenen und hat sehr starke Entgiftungserscheinungen. Kopfschmerzen, Blähungen die nach faulen Eiern riechen und grippeähnliche Symptome sind einige der möglichen Erscheinungsformen, welche ich alle durchlebt habe, um am Ende mit einem weitaus gesünderem Darm zu triumphieren. Mein Körper war mir noch nie so wichtig, wie als ich erkannte das ich grundlegend etwas ändern muß, um ein gesundes Leben zu führen. Eine Sache die mir noch einfällt ist, das ich ebenfalls in dieser Zeit, morgens 30 Minuten vor dem Frühstück und abends 30 Minuten vor dem schlafen gehen, einen TL Zeolith zusammen mit einem Teelöffel Natron in einem 300 ml Glas vermischt und getrunken habe. Dies diente wohl zur Ausleitung der Giftstoffe. Ach ja, bevor ich es vergesse: um meine Darmflora bei dem Aufbau einer gesunden Kultur zu unterstützen, habe ich ebenfalls ein Präparat mit Bakterienkulturen für den Darm genommen. Die Einnahme erfolgte unmittelbar vor dem

Schlafen.

Du findest, das so eine Entgiftungskur ganz schön kompliziert klingt? War es eigentlich gar nicht. Wieso rede ich darüber? Ich rede darüber, weil unsere Umwelt voller Giftstoffe ist. Die Menschheit hat es geschafft, ein völlig funktionsfähiges System zu nehmen und durch ihr Konsumverhalten komplett aus dem Gleichgewicht zu werfen. Kurzum: Nahezu jeder Mensch ist vermutlich hochgradig vergiftet und von schlechten Bakterien befallen. Wer dies abstreitet, hat gelernt wegzuschauen. Ich habe mich entschieden hinzuschauen und was ich fand, ist erschreckend. Ich verzichtete 8 Wochen lang auf viele gängige Nahrungsmittel. Zucker jedweder Art. Dies beinhaltet alles, was Zucker enthält (auch Früchte), weshalb ich akribisch die Zutatenlisten jedes Produktes untersuchte. Kein Getreide: Weizen, Roggen, Dinkel, Mais, Haferflocken und keinerlei Gluten. Ich ernährte mich vegan und ketogen und es stellte sich recht schleunig eine Verbesserung der Entgiftungserscheinungen ein. Die Blähungen rochen nicht mehr nach faulen Eiern, sondern irgendwie mehr nach Heu. Ich fühlte mich allgemein sehr klar und stabil. Nach diesen 8 Wochen kommt vermutlich das, was die Menschen nach jeder Diät wieder zunehmen läßt: die Versuchung.

Kurzer Einwurf zum Thema Diät:

Im englischen bedeutet das Wort 'diet' nicht eine temporäre und somit zeitlich begrenzte Umstellung der Ernährung, sondern schlichtweg Ernährung. Jede Form von 'Diät', ist meines Erachtens nach, vollkommen nutzlos und dürfte nicht beworben werden. Einzig eine langfristige Umstellung der Ernährung, kann zu einer Verbesserung des körperlichen Wohlbefindens beitragen.

Ende des Einwurfs.

Ich saß also als Gast am Eßtisch und sah mich mit einem stinknormalen null-acht-fuffzehn Brötchen konfrontiert und dachte mir: „Jetzt könnte ich doch mal weniger streng sein."Kau-kau-Schmatz. Dreißig Minuten später lag ich ungelogen depressiv flach. Ich war dermaßen negativ eingestellt und ich hatte keine Ahnung wieso, bis nach einiger Zeit der Groschen fiel. Mein Freund hatte mich bereits gewarnt, das Gluten einen Effekt auf unsere Psyche hat. Mein vorheriges und 'un-entgiftetes'

Ich, hätte den Effekt dieses Brötchens niemals bemerkt, da ich damals einfach zu voll mit allem möglichen Quatsch war. Erst durch die Entgiftung, habe ich mein Feingefühl wieder erlangt und eine sehr wichtige Erkenntnis: Ich habe keine Ahnung was gesund ist. Also bin ich auf die Suche gegangen nach Erfahrungen. Ich habe mich selbst sehr stark beobachtet und angefangen Dinge, die mir nicht gut tun, wegzulassen. Ohne die Schwefelkur nach Dr. Probst, wäre ich niemals zu dieser Erkenntnis gelangt. Seitdem sind mir viele Nahrungsmittel aufgefallen, die unsere Schwingung und unsere Laune nach unten treiben. Reiswaffeln, Mais im allgemeinen, Zucker, zu viel Stärke und vieles mehr. Da dieses Buch lediglich ein Denkanstoß sein soll und nicht ausschließlich eine predigt über Ernährung, beende ich diesen Abschnitt an dieser Stelle. Ich empfinde ihn rückblickend als nicht sehr erquickend, aber was ich in de Supermarktregalen und in der Ernährungspyramide sehe, muntert mich auch nicht gerade auf. Peace out for the moment, said the jackal and tried to hide.

Als Nachtrag möchte ich dir die folgende Botschaft mitgeben: Die meisten Menschen sind davon überzeugt, das sie sich gesund ernähren. Dieser Glaubenssatz ist sehr gefährlich, denn er führt dazu, das wir einen Blähbauch, Blähungen, Depressionen, Müdigkeit, Völlegefühl, Durchfall, Verstopfung, Pickel, Gicht, Diabetes, Rheuma und vieles mehr einfach hinnehmen und nicht hinterfragen. Frei nach dem Motto: „Das ist nun mal so!" Ein Klassiker: „Mein Arzt sagt, das Diabetes Typ 2 unheilbar ist! Das kann man nicht ändern!" Doch, kann man! Wenn man will! Wenn DU willst! Es gibt unzählige Berichte darüber, wie Menschen scheinbar Unheilbares, geheilt haben. Nur macht man mit gesunden Menschen eben kein Geld mehr. Also was tue ich als geschäftsbewußter und verkaufsorientierter Mensch? Ich nehme den Menschen die Hoffnung und sage ihnen, das sie ihr Leben lang mit dieser Krankheit zurechtkommen müssen. So entstehen Abhängigkeiten. Wer Probleme mit dieser Meinung hat, den verweise ich freundlichst auf den Haftungsausschluß zu Beginn dieses Buches. Vielen Dank.

p.s. es gibt auch Hinweise darauf, das der Verzehr von Fleisch, Menschen aggressiv macht. So hörte ich einst, das Gefängnisinsassen testweise vegan ernährt wurden. Das Resultat war, das ein Großteil der

Insassen, weitaus friedlicher waren und wesentlich leichter in die Gesellschaft integriert werden konnte. Glaubst du mir nicht? Dann bemühe dich und versuche es selber nachzuforschen, denn ich werde dir keine Quellenangaben auf dem Silbertablett servieren. Zudem frage ich mich, wie es ein Gorilla schafft, dermaßen riesig und kraftvoll zu sein ohne Fleisch zu essen? Wieso, frage ich mich, sind die größten und stärksten Tiere auf diesem Planeten allesamt vegan? Elefanten essen sicherlich nicht 12 rohe Eier zum Frühstück oder Thunfisch aus Konserven. Wie kann es sein, das Shaolin-Mönche solche außerordentlichen körperlichen Fähigkeiten besitzen und sich vegetarisch ernähren? Wieso stinkt nur der Kot von Fleischfressern (karnivor) so bestialisch, wohingegen der Kot von natürlich lebenden Pflanzenfressern (herbivor) mehr oder weniger nach Heu riecht? Denkanstöße über Denkanstöße. Was ich dir hier mitteile sind alles Denkanstöße, die dich zum überprüfen deiner eigenen Glaubenssätze anregen sollen.

Apropos Glaubenssätze ...

Glaubenssätze

Ein weiterer Aspekt, welchen es zu erwähnen gilt, sind die inneren Glaubenssätze. Wie nehme ich die Welt, die mich umgibt war? Bewerte ich eher negativ oder positiv? Sicher hast du schon einmal den Begriff der Affirmation gehört. Was genau es damit auf sich hat, werde ich in Kürze erläutern. Als kurze Anregung: Unsere Gedanken sind es, die uns den Zugang zu unseren Glaubenssätzen ermöglichen.

Im Grunde bin ich mittlerweile fest davon überzeugt, das jeder Mensch seine eigene Realität erschafft. Wenn eine Person fest daran glaubt, das die Erde flach ist, dann ist sie für ihn schlichtweg flach. Für die meisten Menschen wird es als 'seltsam' oder 'verrückt' wirken, das jemand so etwas glaubt. Jedoch ist es für denjenigen, der an eine flache Erde glaubt, absolut schlüssig. Ich bin mein Leben lang davon ausgegangen, das die Erde rund ist. Während meiner Zeit in Südafrika bin ich einem Menschen begegnet, welcher es geschafft hat, mein Weltbild in wenigen Minuten durcheinanderzubringen. Er stellte mir die einfache Frage: „Glaubst du das die Erde rund ist?" Ich war in diesem Moment etwas durcheinander, denn für mich war es offensichtlich das die Erde rund ist. Jedoch war ich offen für die Thematik und fragte ihn, was er genau damit meine. Daraufhin hat er begonnen mich an seinem eigenen Glaubenssatz teilhaben zu lassen, in welchem die Erde eben nicht rund, sondern flach ist. An diesem Abend ist mein Weltbild das erste Mal in meinem Leben in sich zusammengebrochen. Alles was ich bis zu diesem Zeitpunkt glaubte zu wissen, war plötzlich eine mögliche Fiktion. Eine Lüge. Was ich bis dato als selbstverständlich angesehen hatte, war ab diesem Zeitpunkt fragwürdig. Dieser Moment war ein Geschenk, da er mich eins geleert hat: Fragen zu stellen. Frag dich selbst und frag andere, wenn du magst. Lerne zuzuhören, denn jede Person hat eine einzigartige Sicht auf die Welt. Es gibt jedoch ein Problem ...

Das interessiert dich jetzt, oder? „Was für ein Problem denn?", fragst du dich vielleicht gerade. Der Glaube ist stark in dir, mein junger Schüler. Tatsächlich denken wir, wir wissen wie die Welt beschaffen ist. Blau ist blau und grau ist grau. Simple, right? Wie viele Blautöne kannst du unterscheiden? Wie unterschiedlich kann die Beschaffenheit von Schnee sein? Für mich ist blau gleich blau und Schnee gleich Schnee. Aus dem einfachen Grund, weil ich keine Ahnung habe. Ich habe mich mit dem Thema nicht näher befaßt. In Rußland gibt es (nagel mich bitte nicht auf die Zahl fest, es ist das Prinzip was hier wichtig ist) mehr als 20 verschiedene Bezeichnungen für die Farbe blau. Toll nicht? Ziemlich. Wenn ich den Himmel betrachte, sehe ich blau. Betrachte ich das Meer, sehe ich blau. Vielleicht erkenne ich ein helleres oder dunkleres Blau, aber es ist einfach blau. Ein Mensch, welcher mehr als 20 verschiedene Nuancen von blau, bewußt unterscheiden kann, ist in der Lage Unterschiede zu erkennen. Er nimmt die Welt ganz anders wahr als du oder ich. Ich hörte mal die Geschichte, das es in der Antike in manchen Regionen kein Wort für die Farbe blau gab. Blau galt als eine Schattierung von rot. Heutzutage können wir es unterscheiden und somit Unterschiede erkennen. Der Sonnenuntergang ist rot und das Meer blau. Eskimos haben unzählige Wörter für Schnee. Wenn ein Eskimo eine Schneelandschaft sieht, weiß er ziemlich genau was für Eigenschaften er erwarten kann. Wird der Schnee mich tragen? Muß ich hier etwas vorsichtiger sein? Was gilt es zu beachten? Ich würde einfach darauf los stapfen und hoffen irgendwann eine Unterkunft zu erreichen. Vermutlich würde mir einiges entgehen, was für den Eskimo absolut offensichtlich und normal ist. Das was wir glauben zu wissen, hängt häufig damit zusammen, wie wir die Welt um uns herum wahrnehmen. Je mehr wir über die Welt erfahren, desto mehr erkennen wir also. Dafür ist es wichtig, sich für die Informationen zu öffnen. Habe ich sehr starre Glaubenssätze, ist es fast unmöglich neue Dinge zu lernen. Ich denke ich weiß ja eh schon alles und niemand kann mir etwas Neues erzählen. Ich bin starr und unbeweglich. Mir fehlt es an Flexibilität.

Je mehr ich gelernt habe, mich für neue Erkenntnisse zu öffnen, desto einfacher fällt es mir, neues anzunehmen. Vor kurzem, habe ich erkannt, das ich eigentlich mein Leben lang überzeugt davon war, mich gesund zu ernähren. Auch wenn ich jahrelang mit Sodbrennen zu kämpfen hatte und meine Blähungen häufig bestialisch stanken, war ich davon überzeugt, gesund zu leben. Ein kleiner Teil von mir wußte vermutlich, das ich etwas falsch mache, aber ich wollte nichts ändern. Ich glaubte nichts ändern zu können. „Ich bin wie ich bin!" „Das ist halt so!" „Kann man nichts machen!" „Dann nehme ich eben dieses Medikament!" „Scheinbar ist es chronisch" „Ich leide an einer Phobie!" „Ich bin ängstlich!" „Ich bin eine Frostbeule!" „Die Welt ist rund!" „Ich hasse Menschen!" „Ich liebe Nutella!" „Ich bin ein Christ!" „Ohne Wurst, kann ich nicht leben!" „Ich brauche morgens unbedingt Kaffee, sonst bin ich schlecht gelaunt!" „Ohne Zigaretten werde ich nervös!" „Männer sind Schweine!" „Frauen sind egoistisch!" „Ich stinke!" „Ich bin häßlich!" „Ich kann das nicht!"

Klingelt da was? Ding dong. Dein Gewissen meldet sich. „Ja so sind wir eben!", nicht wahr? Oder? Komisch, wenn doch alles schon so vorgeschrieben ist, wieso gibt es dann Menschen, die sich plötzlich verändern? Noch schlimmer: Der ist auf einmal so komisch geworden. Er ließ sich die Haare wachsen und macht jetzt einen auf Esoterik...

Jaaaaaa...Veränderung ist sicherlich nicht einfach. Gerade heute wird einem bereits von fast jedem Menschen vorgelebt, wie man an seinen Meinungen festhalten kann. Jeder tut es und keiner hört dem anderen zu. Alle sind darauf bedacht, ihre eigenen Meinungen hinauszuposaunen. Häufig beobachte ich andere Menschen dabei, wie sie Gespräche führen. Dabei ist mir vor allem eines aufgefallen: Sobald einer der beiden etwas länger erzählt, wird der andere sehr ungeduldig. Er hat keine Lust, so lange zuzuhören. „Mein Gott! Was quatscht der wieder so lange?", beginnt er sich zu fragen. Jeder denkt, das er in einem Dialog zu kurz kommt. Dabei braucht ein Dialog einen Redner und einen Zuhörer, im besten Falle natürlich in einem mehr oder weniger ausgeglichenem Verhältnis. Der Grund warum wir nicht mehr zuhören wollen ist, weil uns auch niemand zuhören möchte. Des weiteren glauben wir sowieso schon alles zu wissen und sobald jemand uns etwas erzählen möchte, schalten wir auf stur und nehmen es nicht an. Wir glauben bereits zu wissen, was er sagen möchte und hören nicht mehr zu. Im Laufe des Gespräches, werden sich die beiden vermutlich mehrfach unterbrechen und aneinander vorbeireden.

Ganz schön anstrengend.

Lerne dich selbst in Frage zu stellen. Lerne zuzuhören, egal ob es andere tun. Je mehr du anderen Menschen die Möglichkeit gibst zu reden, desto mehr werden sie auch dich reden lassen. Außerdem kannst du so eine Menge dazulernen. Versuche einfach alles was dir jemand erzählt auf deine Situation zu beziehen. Dadurch wirst du erkennen, das die Lösung deiner Probleme oft durch die Erfahrungen deiner Mitmenschen erfolgen kann. Außerdem lernst du, nicht mehr so eingefahren und starr zu sein. Öffne dich und lerne dazu. Glaubenssätze wie „Ich bin häßlich!", sind destruktiv. Affirmationen sind Sätze, die wir immer wieder in unserem Kopf sagen. Wiederholen wir ständig negative Dinge, so glauben wir diese. Sie verwurzeln sich und all unser Handeln, wird durch sie bestimmt. Versuche doch einmal die negativen Sätze durch positive auszutauschen. Anfangs wirst du sie nicht wirklich glauben, aber mit der Zeit wirst du sehen, das es dir immer leichter fällt positives anzunehmen.

„Ich bin schön!" „Ich bin schön!" „Ich bin schön!" „Ich bin schön!" „Ich bin schön!"

„Ich liebe Regen!" „Ich liebe Regen!" „Ich liebe Regen!" „Ich liebe Regen!" „Ich liebe Regen!"

Beobachte deine eigenen Glaubenssätze und schreibe sie um. Früher habe ich immer zu mir gesagt, das ich Angst habe. „Ich habe Angst!". Irgendwann ist mir dann aufgefallen, wie bescheuert das eigentlich ist und habe begonnen stattdessen „Ich bin mutig!", zu sagen. Jedesmal wenn ein Glaubenssatz in mir aufkommt, welchen ich nicht mehr haben möchte, sage ich stattdessen einen den ich gut finde. Trotzdem ist es wichtig, deine Ängste, mit einem Satz wie „Ich bin mutig!", nicht einfach zu verdrängen, sondern dich zu ermutigen, näher hinzuschauen und die jeweilige Angst in einem gesunden Maße zu konfrontieren. Mehr zu Methodiken um die eigenen Glaubenssätze und Gedanken kennenzulernen findest du im weiteren Verlauf dieses Buches.

p.s. Ich hatte ja noch ein paar Worte zu dem 'Opfer' und wieso ich es in 'Die mediale Wahrheit' in Anführungszeichen gesetzt habe. Das sogenannte 'Opfer' ist eine Rolle, die man sich selber gibt. Auf Grund von Glaubenssätzen halten wir uns für schwach, klein oder nicht liebenswert. Tatsächlich kann jeder Mensch, jederzeit in die Rolle des Opfers schlüpfen. Ich kann dies ebenfalls tun, um Mitleid zu heischen. Befindest du dich in einem Streit und wirst für dein Verhalten kritisiert und angegriffen, mußt du lediglich in die Opferrolle wechseln. „Natürlich bin ich immer wieder an allem schuld! Wenn irgend etwas schief geht, dann hacken alle auf MIR herum! Ich bin es satt, so behandelt zu werden! Wieso immer ich?" So in etwa könntest du es gestalten. Wenn du es schaffst, ein paar Tränen fließen zu lassen, wird es umso authentischer wirken. Tatsächlich könntest du natürlich auch Grenzen setzen, anstatt dich auf das Niveau des Opfers zu begeben - dazu jedoch später mehr!

Die Abwesenheit von Mut

Ein Bild für die Götter...welches Bild denn eigentlich? Ach stimmt, ich habe es dir ja noch gar nicht beschrieben. Stell dir einmal vor du wärst ein Gnu (*Connochaetes taurinus*) oder wie man in Südafrika sagt, ein Wildebeest. Du lebst in einer Herde und du bist mit essen beschäftigt und allem was man eben so tut als Gnu. Jetzt kommt ein Rudel Löwen und möchte ein Gnu verspeisen, also tun Gnus, was Gnus recht gut können, sie laufen weg. Alle wie sie da stehen und grasen, nehmen sie die Hufe in die Hand und rennen einfach weg. Ist es jetzt Panik oder Feigheit? Ist es sinnvoll das sie das tun oder einfach ihre Natur? Wieso stellen sich die Stärksten unter ihnen, nicht mit ihren äußerst spitzen Hörnern, den Löwen entgegen? Wer weiß das schon? Ich vermute es hat etwas mit Instinkt oder der jeweiligen Rolle in einem Ökosystem zu tun. Ein Lebewesen ist eben ein Jäger und das andere die Beute. Opfer-Täter-Dynamik oder wie man es eben nennen möchte.

Bist du ein Gnu oder ein Löwe? Ich bin der Meinung, das die meisten Menschen Gnus sind. Nicht etwa, weil sie es sein müssen, sondern weil die meisten Menschen eben Gnus sind. Nennen wir es Gruppen-dynamik, Gruppenzwang oder Herdentrieb. Mittlerweile scheint es eine Modeerscheinung zu sein, das alle Angst haben. Wer Angst hat, bekommt den Kopf getätschelt und eine heiße Schokolade, nicht wahr? Wer Angst hat, rennt zu Mami und läßt sich knuddeln. „Ach, wie süß der Kleine!" Wer Angst hat, geht zur nächsten Impfstelle und läßt sich impfen. „Sehr solidarisch, der Herr!" Die Mutigen hingegen, werden häufig als wichtigtuerisch bezeichnet oder ihnen wird nachgesagt, das sie nur Aufmerksamkeit wollen. Wer heutzutage mutig ist, der hat sie nicht mehr alle. Wer mutig ist, ist ein Idiot und ein Besserwisser. Wer mutig ist, wird als komisch, seltsam oder verrückt bezeichnet. Früher hatten Helden vielleicht noch ein Ansehen, heutzutage sind jene Menschen die ich als Gnus bezeichne, neidisch auf den Helden. Aber nicht alle Menschen sind so. Es gibt auch welche, die den Mut der anderen bewundern, ihn sich selbst aber nicht zugestehen wollen, denn auch sie haben Angst. „Klasse wie der das macht, aber ich könnte so etwas nie!", sagt so manch einer. Da wären wir wieder beim Thema Glaubenssätze.

Was haben wir hier für eine Situation? Es gibt Menschen, die neidisch sind und es niemandem gönnen, das er gut dasteht. Es gibt aber auch Menschen, die den anderen bewundern, weil er heroische Taten vollbringt, wozu (laut Glaubenssatz) er selbst niemals in der Lage sein wird. Natürlich gibt es auch jene, die gar nichts dazu sagen oder jene, denen es vielleicht auch einfach egal ist. Diese Liste könnte ich jetzt endlos fortführen und den Punkt dieser Sektion weit verfehlen. Der Punkt soll der folgende sein: Viele Menschen haben Angst und wenige Menschen sind mutig. Beobachtest du manchmal Eltern mit ihren Kindern? Erschreckend, nicht? Manche Eltern würden ihr Kind lieber in 20 cm Dicke Noppenfolie einwickeln, solche Angst haben sie, das ihr Kind sich das Knie aufschürft. Das Kind wird schon so erzogen, das es Angst haben soll. Wenn du Angst hast und es dir weh tut, kommt Mami und nimmt dich in den Arm. Wenn du besonders laut schreist und heulst und alle wissen das es weh tut, dann bekommst du einen Lutscher, oder den Schnulli, oder Chips, oder das Smartfon. Vielleicht sollte ich heute nichts mehr schrieben, denn ich spüre wie dieses Thema mich sehr aufwühlt. Ängstliche Menschen machen mich manchmal sehr wütend. Wenn ich Menschen sehe, die übertrieben ängstlich haben, dann möchte ich am liebsten zu ihnen gehen und sie zur Schnecke machen. Fair wäre das jedoch auch nicht. Vielleicht nervt mich an ihnen ja nur, das ich mich selber in ihnen sehe? Ich sehe meine eigene Angst und werde wütend auf mich selbst. Auch ich bin nicht frei von Angst, denn Angst kommt von außen und von innen, um uns herauszufordern mutig zu sein. Des Öfteren ist mir schon aufgefallen, das wenn viele Menschen Angst haben, ich mutiger werde. Bin ich in einer Situation und alle haben Angst, dann reiße ich mich besonders am Riemen und gebe der Gruppe halt. Ich spüre die Angst zwar auch, aber in solchen Momenten entscheide ich mich instinktiv dazu, mutig zu sein. Bin ich im Alltag unterwegs, hat mein innerer Held keine Aufgabe. Er verkümmert und langweilt sich, bis er irgendwann hinter einem Bierbauch und Speckfalten den Geist aufgibt. Zudem leben wir in einer Gesellschaft, die von Angst regiert wird. Ständig leben wir in der Angst etwas falsch zu machen. Wir parken unser Auto und haben vielleicht Angst, das eine Politesse uns ein Ticket schreibt. Gerade im Moment gehen wir in einen Supermarkt oder ein Restaurant und haben Angst, belangt zu werden, weil wir irgendeinen Abstand nicht einhalten oder eine der täglich wechselnden Regeln mißachten. Da wären wir wieder beim Psychoterror. In dieser Situation ist es sehr schwer, mutig zu sein. Wieso? Weil eine ganze Schwadron aus Polizisten und Sanktionen nur darauf wartet, uns ein

Glas aus eiskalter Sanktionade einzuschenken. Wieso sonst haben im Holocaust so viele Menschen so getan, als wüßten sie nichts von dem, was vor sich ging? Aus Angst etwas falsch zu machen und aus Angst vor den Konsequenzen. Gerade heute erleben wir etwas ganz ähnliches wieder. Allein diesen Satz zu schreiben erfordert Mut. Denn wer weiß, was sie tun werden, wenn ich die jetzige Situation mit dem Holocaust vergleiche? Werde ich belangt werden? Muß ich Strafe zahlen dafür, das ich eine Meinung habe? Was geschieht, wenn ich beiläufig erwähnen würde, das sie uns anstatt Impfausweisen, doch gleich wieder einen Judenstern aushändigen könnten? Zum einen wäre es viel einfacher, da die Prozedur ja bereits bekannt ist und zum anderen sieht man gleich von außen, wer geimpft ist und wer nicht. Verstehst du was ich dir sagen möchte? Ja? Nein? Vielleicht?

Die Welt ist voller Angst und der einzige Weg sich daraus zu befreien, ist mit Mut. Ein Held ist ein Held, weil er nicht darauf wartet das der Drache zu ihm kommt, sondern weil er selber loszieht, um den Drachen zu suchen. Natürlich muß man auch hier alle Konsequenzen abwägen und sich über jede Handlung im Klaren sein. Genau deswegen laufe ich auch nicht auf der Straße herum und posaune einfach willkürlich meine Meinung heraus, denn dann ziehe ich viel Aufmerksamkeit auf mich. Wer mutig ist, muß auch Köpfchen haben, denn sonst wird er von einem Drachen gefressen. Im Grunde geht es auch darum, sich langsam weiterzuentwickeln. Dafür ist dieses Buch da, um der Abwesenheit von Mut entgegenzuwirken.

'Der mutigste im Raum gibt anderen Mut. Der Angsthase gibt anderen Angst.'

- Christopher Reusch.

Angst verstärkt unsere Ängste.

Weiter im Text...

3 - Methodik

Endlich bist du an diesem Punkt angelangt. Herzlichen Glückwunsch! Ich bin froh, dich hier zu empfangen. Du hast dich vermutlich durch einige deiner Glaubenssätze gekämpft und bist vielleicht das eine oder andere Mal an deine Grenzen gestoßen? Natürlich besteht auch die Möglichkeit, das du alles was ich hier geschrieben habe, als selbstverständlich empfunden und einfach weitergelesen hast. Tatsächlich handelt es sich in diesem Kapitel um das Herzstück dieses Buches, denn die Methode die ich dir hier vorstellen möchte, ist das Mittel, welches mir ermöglicht hat dieses Buch zu schreiben. Ohne diese Methode wüßte ich nicht, wie ich dir zeigen soll, wie du auf eigene Faust mit deinen Ängsten umgehen sollst. Ich versuche es so ansprechend wie möglich zu beschreiben, jedoch verweise ich im Zweifel auf alternative Informationsquellen deiner Wahl, um die Vorgehensweise noch besser verstehen zu können. Die Art und Weise, wie ich dir hier von der Methode berichte, welche so unglaublich wichtig für die Arbeit mit diesem Buch ist,....ach was soll's, genug geschwafelt! Sonst laufe ich noch Gefahr mir eine Laufbahn in die Politik zu sichern...

a - Reflektion

In dieser Passage erhältst du den heiligen Gral der Innenschau, denn hier möchte ich dir näher bringen, wie du erfolgreich reflektieren kannst. Im Grunde ist es ganz einfach. Das Wort an sich sagt schon viel über die Tätigkeit aus. Reflektion. Stell dir einen Spiegel vor. Was tut er? Er reflektiert das, was im Außen sichtbar zu sein scheint. Dieses Phänomen, kannst du auch auf dich selbst anwenden. „Wie genau soll denn das funktionieren?", fragst du dich jetzt? Nun, laß es mich dir erklären:

Reflektion. Ein schönes Wort. Tatsächlich finde ich es gerade sehr schwierig, wie ich dir die Methodik erläutern soll. Vielleicht so oder so? Nein, lieber nicht. Lieber so. Wieso möchte ich dir überhaupt davon erzählen? Schwierige Frage. Bin ich ein Gutmensch und will einfach nur helfen? Schon möglich, aber das ist es vielleicht nicht. Oder ist meine Motivation aus meiner eigenen Fähigkeit zu reflektieren entstanden und der Erkenntnis, das viele Menschen dazu nicht in der Lage sind? Da kommen wir der Sache schon näher. Im Grunde ist es nämlich so, das ich vollkommenem eigennützig handele. Ich bin ein Egoist! Wieso? Weil jeder Mensch, der reflektieren kann, ein wesentlich angenehmerer Gesprächspartner und Mitmensch ist. Er ist nämlich dazu in der Lage, sich selbst zu hinterfragen. Er vermag es, in den Spiegel zu schauen und sich selbst darin zu erkennen. Er lernt seine Gedanken und Handlungen zu beobachten und kritisch zu hinterfragen. „Will ich so sein?" „Brauche ich das wirklich?" „Glaube ich an Corona[1]?" Es gibt niemanden auf dieser Welt, der dir diese Dinge beantworten kann. Außer dir selbst, natürlich. Du bist in der Lage, zu ergründen, wieso du etwas tust oder was du eigentlich möchtest. Je mehr du die Reflektion anwendest, desto mehr wirst du erkennen, was eigentlich dein eigener Wille ist und was dir von außen auferlegt wird. Sehr befreiend oder nicht?

Doch wie genau würdest du nun vorgehen, wenn du dich der Methode der Reflektion bedienen möchtest? Am besten gebe ich dir ein Beispiel aus meinem eigenen Leben, woran du die Methode in ihren Grundzügen verstehen solltest:

Je nachdem wann du dieses Buch lesen solltest, variiert die Zeit, die seit dem was geschehen ist, vergangen ist. Ich hoffe deshalb das du mir verzeihst, wenn ich hier keine Angabe wie in etwa 'vor einigen Wochen' mache, da diese in einigen Monaten nicht mehr zutreffen würde. Natürlich könnte ich einfach von dem Moment ausgehen, wo ich diese Zeilen schreibe und schlichtweg darauf hoffen, das du begreifen würdest, das sich 'vor einigen Wochen' nicht auf den Moment bezieht, wo du diese Zeilen liest. Jedoch möchte ich hier keine Informationen darlegen, die zu Mißverständnissen führen könnten. Ich möchte dich, lieber Leser, keinesfalls verwirren und mit unnützen Details belasten, welche keine Relevanz für den eigentlichen Inhalt der Geschichte an sich, bieten. Genau aus diesem Grund, werde ich sofort und ohne

---

[1]Mit Freude stelle ich fest, das meine Rechtsschreibhilfe, dieses Wort nicht kennt

Umschweife damit fortfahren, dir zu berichten was sich eines Tages zugetragen hat:

Eines Tages war ich bei Freunden zu Besuch. Alle waren draußen im Garten und ich ging ins Haus, um mir etwas zu essen zu holen. Ich stand also in der Küche und erspähte eine Orange. Sofort war mir klar, das ich diese Orange gerne essen würde und so schritt ich sogleich zur Tat. Ich schnappte mir ein Messer, stellte mich an die Spüle und begann die Orange zu schälen. Während ich dort stand und schälte, entstand in mir ein innerer Konflikt. Ich war auf einmal unschlüssig, ob ich die anderen nicht fragen solle, ob sie auch ein Stück von der Orange möchten. Ein Teil von mir wollte gerne gefallen finden bei meinen Freunden, ein anderer wollte egoistisch sein. Also entstand der folgende innere Dialog - oder Monolog?:

„Ob die anderen wohl auch ein Stück Orange möchten? Eigentlich habe ich gar keine Lust zu teilen. Immer will ich alles teilen und wenn ich es nicht tue heißt es, ich sei egoistisch. Gleichzeitig weiß ich ja gar nicht, ob jemand außer mir, überhaupt ein Stück Orange möchte? Vielleicht wollen sie gar keine Orange und würden nur ein Stück essen, weil ich es ihnen anbiete. Außerdem kann ja jeder selber entscheiden, ob er etwas essen möchte. Aber ist es denn nicht höflich zu teilen? Schließlich bin ich ja zu Besuch? Eine kleine Aufmerksamkeit wäre vielleicht angebracht. So ein Schwachsinn! Als ob man immer alles teilen müßte. Wieso soll ich immer meine Bedürfnisse zurückstellen, damit es anderen eventuell gut geht? Wieso kann ich nicht einfach mal mein eigenes Bedürfnis erfüllen und alleine in der Küche eine Orange essen? Das ist doch wie, wenn jemand eine Tüte Chips hat und sie einfach alleine essen möchte. Manche werden sauer auf ihn sein und denken das er knausrig sei und nicht teilen möchte. Dabei ist es doch ihr eigenes Problem, das sie sich keine Chips kaufen oder? Wieso sollte man sich schlecht fühlen, wenn man mal etwas für sich selber tut?"

Auch wenn ich ein leicht schlechtes Gewissen hatte, aß ich die Orange alleine und erzählte danach den anderen, von meinem inneren Konflikt. Dies ist meine Art, mit solchen Situationen umzugehen. Ich stehe dazu. Meistens reagieren die anderen dann sehr überrascht und sagen so etwas wie: „Häh! Ist doch gar kein Problem, wenn du mal etwas für dich tust."Ich denke, das die Menschen, die einem eine Szene machen wenn man egoistisch handelt, selber gerne so handeln würden oder es vielleicht aus den falschen Motiven tun. Doch auch das könnten sie reflektieren. Wieso wollte ich diese Orange alleine essen? Ich tat es nicht, weil ich meine Freunde nicht leiden kann oder ihnen eins auswischen wollte, sondern um einfach mal etwas für mich zu tun. Man kann nicht immer alles teilen, sondern man muß auch Grenzen setzen und sich Zeit für sich nehmen. Ich bin der Auffassung, das dieses Beispiel sehr einfach zeigt, wie man reflektieren kann. Der Sachverhalt war vielleicht nichts weltbewegendes, jedoch war er notwendig. Ich war nämlich unentschlossen und mußte eine Entscheidung treffen. Wie fühle ich mich, wenn ich Option A wähle und wie fühle ich mich, wenn ich Option B wähle? Manchmal muß man entscheiden, bevor man handelt und die Optionen abwägen. Dafür eignet sich das Mittel der Reflektion hervorragend.

Reflektion erlaubt mir also, mich in gewissen Situationen selbst zu hinterfragen und mir über die Konsequenzen meines Handelns, im Voraus bewußt zu werden. Ebenfalls sehr wertvoll ist diese Methode bei, beziehungsweise vor, Kaufentscheidungen. Vor einigen Wochen[1] ereignete sich das folgende Szenario: Ich war nach langer Zeit wieder Mal zu etwas Geld gekommen. Wie du dir vielleicht vorstellen kannst, lebt man als Student nicht unbedingt in Saus und Braus. Also lernte ich über Jahre hinweg, mit wenig Geld auszukommen. Irgendwann ging es mir gehörig auf die Nerven und ich fing an, mein Geld einfach auszugeben, sobald ich es erhielt. Wenn man sparen möchte, dann ist es weniger sinnvoll, sein ganzes Geld auf Anhieb auszugeben. Demnach mußte sich etwas ändern und ich begann meine Investitionen zu hinterfragen, um länger mit meinem Geld auszukommen. Here goes:

„Endlich habe ich wieder Geld, also könnte ich mir doch endlich neue Inline-Skates kaufen. Schon so lange warte ich darauf, endlich Inliner fahren zu können. Es müssen auf jeden Fall vernünftige sein und definitiv schwarz und orange. Okaaaay, scheint ganz schön teuer zu sein! Ach was soll's, ich habe ja gerade genug Geld auf dem Konto. Moment mal! Irgendwie kommt mir diese Situation bekannt vor. Wieso meine ich

---

[1]Jetzt habe ich es wohl doch getan...

eigentlich, jetzt sofort neue Inliner haben zu müssen? Wir nähern uns gerade dem Herbst und ich brauche nicht wirklich Inliner, oder? Klar, wäre es irgendwie ganz witzig und würde Spaß machen, aber wie oft würde ich tatsächlich fahren? Sollte ich nicht lieber Prioritäten setzen und mich auf den Sport fokussieren, der mich gerade kein Geld kostet? Außerdem habe ich doch gerade meine ganzen Sachen aussortiert und dann hätte ich schon wieder etwas im Schrank rumstehen. Wenn ich es dann, wie zu erwarten, nicht benutze, fühle ich mich auch noch schlecht, weil ich eigentlich kein Geld dafür hatte .....“Die Vernunft gewann und ich kaufte sie nicht. Stattdessen nutzte ich das Geld, um dieses Buch zu veröffentlichen. Wie du siehst, war die Methode auch hier erfolgreich, um mir selbst, ohne fremde Hilfe, über das was ich eigentlich möchte klar zu werden. Mit Hilfe der Reflektion bist du also in der Lage, auf Ratschläge anderer zu verzichten und eigenständige Entscheidungen zu treffen. Denn du bist der einzige Mensch der herausfinden kann, was in dir vorgeht. Ein Psychiater würde im Grunde nichts anderes tun. Er stellt dir Fragen und erstellt dann ein Profil oder ein Gutachten. Das kannst du genausogut selber machen und das Beste ist, das du mit der Zeit immer besser darin wirst. Du lernst dich Schritt für Schritt selber kennen. Jede bewußte Entscheidung bringt dich ein Stück näher zu dem Menschen, der du sein möchtest, da du dir endlich mal die Zeit nimmst und dein Handeln hinterfragst.

Wie jedoch hilft mir die Reflektion, wenn ich mit meinen Ängsten arbeiten möchte? Auch dazu kann ich dir ein Beispiel geben, welches eventuell etwas komplizierter ist. Diesmal werde ich mich einfach meinen Erfahrungen und meinen Beobachtungen bedienen und einfach schauen, was da so aus der Tastatur fallen möchte. Beobachte dich beim Lesen bitte sehr genau und versuche dich in die Situation beider Personen zu versetzen. Wie würdest du reagieren? Kannst du beide Seiten verstehen? Wie würdest du entscheiden?

Stell dir vor, du bist in einer Fernbeziehung. Du wirst deinen Partner für einige Monate nicht sehen und es ist eine harte Prüfung für euch beide. Der erste Monat ist vergangen und es ergibt sich folgende Situation: Ich seid am telefonieren und ihr vermißt euch sehr. Du bist zwar in einer WG, würdest aber im Traum nie daran denken, einem anderen

Menschen näher zu kommen. Zur Begrüßung oder zum Abschied, ist natürlich eine Umarmung drin, aber mehr möchtest du einfach nicht. Für dich gibt es nur eine Person, mit der du Zärtlichkeiten austauschen möchtest. Nichts würde dir fernen liegen als jemand anderen zu massieren oder von jemand anderem massiert zu werden. Kuscheln bei einem Filmabend ist bereits eine Grenzüberschreitung und streicheln ist viel zu intim. Klar, du fühlst dich ab und zu einsam, aber der einzige Mensch, der etwas gegen dieses Gefühl tun könnte wäre dein Partner oder du selbst, das weißt du ganz sicher. Dein Partner beginnt, während eines Telefonats, auf einmal ein neues Thema und fängt an zu erzählen wie sehr ihm/ ihr die Nähe zu anderen fehlt. Sie/ er sagt, das sie/ er sich einfach nach Berührungen sehnt und das ihr/ ihm klar geworden ist, das sie/ er das einfach braucht, um glücklich zu sein. Sie/ er würde gerne wissen, wie es für dich wäre, wenn sie/ er sich diese Nähe bei dem anderen Geschlecht holen würde. Es würde sich auch nur um Umarmungen oder vielleicht mal etwas Kuscheln handeln. Es geht ja nur um die Berührung an sich und nicht um Sex oder ähnliches. Dir platzt der Kragen. Du spürst ganz tief in dir, das es auf keinen Fall geht. Auch wenn du vorher etwas Eifersucht oder Unsicherheit gespürt hast, wäre dir nie in den Sinn gekommen so etwas zu hören. Du warst doch die ganze Zeit davon ausgegangen, das sich dein Partner genauso fühlt wie du. Du dachtest, es sei selbstverständlich, das niemand den anderen ersetzen kann. Dabei tut er/ sie doch gerade genau das. Vor deinem inneren Auge ereignen sich diverse Szenarien, welche du nur allzu gut aus eigener Erfahrung kennst. Fernbeziehung, der andere fühlt sich einsam und sehnt sich nach körperlicher Nähe. Eins kommt zum anderen und sie schauen einen Film in Löffelchenstellung und du wurdest mal eben ersetzt. „Wie kannst du ihm/ ihr jetzt noch vertrauen?", fragst du dich. Wie ist es möglich das du die Stärke hast, nicht mit anderen zu kuscheln oder Berührungen auszutauschen und dein Partner es braucht? Du spürst das dein Herz die Vorstellung nicht erträgt und es zerreißt dich förmlich, überhaupt erst darüber nachzudenken.

Wie genau würdest du entscheiden? Was ist hier die richtige Entscheidung? Egoismus oder die Bedürfnisse des anderen? Beide sollten in einer Beziehung Platz finden. Du empfindest Wut, Trauer, Angst und weißt einfach nicht wohin mit dir. Alles in dir will einfach Schluß machen und wegrennen. Doch ein Teil von dir liebt den Partner so sehr, das er ihm/ ihr das ermöglichen möchte wonach sie/ er sich sehnt. Ein Teil möchte einfach vertrauen. Doch du spürst ganz instinktiv, das wenn du sehen würdest wie sie/ er, mit jemand anderem deines Geschlechts, kuscheln würde, oder sich zärtlich umarmen würde - und das über mehrere Wochen hinweg - du es nicht ertragen würdest. In dir würde etwas zerbrechen, was nie wieder repariert werden kann. Wie entscheidest du dich? Was würdest du tun? Denke vielleicht an deine jetzige Beziehung und stell dir vor, es würde zu einer ähnlichen Situation kommen. Manche Menschen haben kein Problem damit, wenn ihre Partner mit anderen kuscheln. Für andere hingegen fühlt es sich absolut falsch an. Für manche Menschen gibt es keinen Unterschied zwischen Kuscheln, Küssen und Sex. Genau in solchen Situationen, ist die Methode der Reflektion sehr nützlich. Wann immer du dich von etwas zerrissen fühlst, kannst du reflektieren, wieso das so ist und was du tun möchtest. Das Beispiel oben bietet viel Fläche für Reflektion. „Wieso fühle ich so?" „Ist es normal, das ich so fühle oder nicht?" „Sollte ich meinem Partner den Raum geben?" „Wieso tut es so weh, nur daran zu denken?" „Kann ich damit leben?" „Sollte ich lieber Schluß machen?" und so weiter und so fort ...

Manchmal sind wir hin und hergerissen zwischen Mut und Angst. Du stehst auf dem 10m Brett im Freibad und bist wie erstarrt, weil du nicht sicher bist, ob du springen möchtest oder lieber kneifst und die Leiter nimmst. Du stehst zu Hause vor dem Spiegel und bist unsicher, ob der Hut zu dem Outfit paßt oder nicht. Du willst Sport machen, doch du schaffst es einfach nicht, die Motivation zu finden, obwohl du genau weißt, das es dir gut tun würde. Du möchtest eigentlich kein Fleisch mehr essen, doch deine Familie grillt gerade und es sieht alles so lecker aus. Alle gucken dich erwartungsvoll an und fragen dich, ob du eine Wurst möchtest. Du liest das 'Buch der Angst' und hast dir fest vorgenommen, dich endlich deinen Ängsten zu stellen und mutig zu sein, doch dir fehlt der Mut. Du möchtest gerne alleine Reisen gehen, doch allein bei dem Gedanken, alleine im Flugzeug zu sitzen, wird dir schlecht. Es gibt unzählige Situationen in deinem Leben, wo du etwas tun möchtest, aber etwas in dir dich davon abhält. Es gibt unzählige

Situationen, wo du dir unsicher bist oder du einfach nicht weißt, was richtig ist. Genau in solchen Momenten lohnt es sich, zu reflektieren. „Wieso habe ich Angst?" „Was hält mich gerade davon ab von dem 10m Brett zu springen?" „Wenn es nur die Angst ist, dann kann ich doch einfach mutig sein, oder?" Denn Angst ist schließlich eine Entscheidung und du kannst dich jederzeit für den Mut entscheiden. Ebenso verhält es sich mit den Konsequenzen. Erfülle ich die Bedürfnisse meines Partners oder meine eigenen? Wie auch immer deine Entscheidung ausfällt, du wirst dir über ihre Konsequenzen bewußt und kannst so abwägen, was für dich die bessere Option wäre. Wenn dein Partner unbedingt mit anderen kuscheln möchte, kannst du ein Ultimatum stellen und sagen, das das für dich nicht in Ordnung ist. Wenn er/ sie das unbedingt braucht, dann wirst du die Beziehung beenden, weil es für dich ein klarer Vertrauensbruch ist. Wir glauben häufig, das wir keine Wahl haben, doch das stimmt nicht. Machen wir uns unsere Optionen bewußt und die jeweilige Konsequenz, können wir wählen. Wenn ich mir darüber im Klaren bin, was für Konsequenzen es hat, wenn ich ohne Maske in den Supermarkt gehe, dann kann ich es bewußt tun. Wenn ich dann rausgeschmissen werde oder eine Strafe zahlen muß, dann habe ich wenigstens eine bewußte Entscheidung getroffen. Ich habe entschieden, das ich mit den Konsequenzen meines Handelns leben kann. Wenn ich mir bewußt bin, das das einzige was mich davon abhält vom 10er zu springen, meine Angst ist, kann ich entweder Angst oder Mut wählen.

Jetzt könntest du dich fragen, was einem Reflektion bringt, wenn man am Ende doch wieder die Leiter nimmt oder nicht ins Flugzeug steigt. Ganz einfach: Du triffst eine bewußte Entscheidung, für genau diesen einen Moment. Dein Ziel bleibt das gleiche und du kannst anfangen, darauf hinzuarbeiten. Du willst immer noch mutig sein! Du willst immer noch alleine reisen! Du willst immer noch vom 10er springen! Vielleicht stehst du in ein paar Monaten wieder auf dem 10er und springst? Du beschäftigst dich in dem Moment, wo du mit der Angst konfrontiert wirst, mit dem Gefühl und beginnst zu verstehen wieso du Angst hast. Du hinterfragst diese Angst und Schritt für Schritt, legst du sie ab. Du willst alleine Reisen? Dann geh erst mal alleine ins Kino!

Also: Kümmere dich selbst darum, wenn du möchtest, das sich etwas ändert. Dieses Buch ist eine Anregung zur Veränderung und dazu mutig zu sein. Den je mehr ich reflektiert habe, desto mehr wurde ich mir bewußt, wie ich mich eigentlich verhalte. Ich bin somit in der Lage gewesen, automatisierte Handlungsabläufe (Routinen / Gewohnheiten) zu erkennen und abzulegen. Du rauchst? Dann fange an es zu hinterfragen. Du kannst natürlich auch einfach weiter rauchen und sehr alt und faltig sein wenn du 40 bist. Oder du fragst dich stattdessen, wieso du eigentlich rauchst. Diese Frage läßt du dir solange durch den Kopf gehen, bis du es weißt und dann hörst du auf. Jedes Mal wenn du eine Zigarette anzündest, frage dich wieso du jetzt gerade in diesem Moment eine Zigarette anzünden möchtest. Gefällt es dir, wie der ekelhafte Rauch deine Lungen füllt? Magst du die Vorstellung, an Krebs zu sterben? Gefällt es dir, wie das Rauchen Mundgeruch fördert? Oder findest du es vielleicht attraktiv? Wieso findest du es attraktiv, wenn Menschen rauchen? Kann das vielleicht damit zusammenhängen, das wir mit Werbungen, in welchen rauchen als cool dargestellt wird, geradezu überhäuft werden? Vermutlich hast du das nie in Frage gestellt. Jetzt ist der Zeitpunkt gekommen, alles in Frage zu stellen, aber vor allem dich selbst. Zeige nicht mit dem Finger auf andere und schiebe deine Probleme in ihre Westentasche.

Um dir zu erklären wie genau du deinen Finger und deine Probleme bei dir behältst, möchte ich dich in die Geheimnisse der Projektion und der Polarisation einweihen. Das Wissen um diese beiden Techniken, wird dir helfen, besser reflektieren zu können und auch die Verhaltensmuster von anderen besser verstehen zu können.

Vermutlich sind sich 90% der Menschen, die sich der Projektion oder Polarisation (außer Politiker) bedienen, nicht darüber im Klaren, das sie eine der beiden Techniken anwenden. Ich selbst habe sehr lange gebraucht, um zu verstehen was diese beiden Begriffe eigentlich bedeuten, aber länger noch um ein Bewußtsein dafür zu entwickeln, wann ich es tue. Mein Verständnis habe ich schließlich durch die Reflektion erhalten. Ich habe mein Verhalten sehr genau beobachtet und auch die Reaktionen, die ich von anderen Menschen bekommen habe. Wenn jemand etwas auf mich projiziert, dann frage ich mich, ob das wirklich auf mich zutrifft oder ob er eigentlich sich selber meint oder jemand anderen.

Projektion

Ach ne. Du schon wieder. Ich dachte spätestens bei meinem Exkurs über das Rauchen, hättest du das Weite gesucht. Du scheinst mir ja ein ganz schöner Draufgänger zu sein. Wenn ich es nicht besser wüßte, würde ich vermuten, das du etwas ändern möchtest. Nun gut, jedem das seine.

Laß dich nicht veräppeln.

Projektion. Ich projiziere etwas auf etwas anderes. Ein Projektor wirft ein Bild an eine Wand und ich kann es mir dort angucken. Sehr schön. Das Bild sollte jetzt recht klar vor deinem Inneren Auge sein. Jetzt stell dir einmal vor, das Menschen das am laufenden Band tun. Sie Projizieren etwas von sich selbst, auf andere. Du projizierst ebenfalls Dinge deiner Selbst, auf andere. Nun empfinde ich es als äußerst schwierig, dir die Projektion ausreichend zu erläutern. Tatsächlich habe ich den Rest des Buches schon vollendet. Wieso genau ich die Themen Projektion und Polarisation als schwerfällig empfinde, kann ich noch nicht sagen. Vielleicht projiziere ich ja etwas auf die Projektion? Meine Angst davor, dieses Buch zu beenden? Denn wahrhaftig, habe ich Angst davor fertig zu sein. Skurril nicht war? Wieso empfinde ich so etwas? Dieses Buch abzuschließen bedeutet, es der Öffentlichkeit zur Verfügung zu stellen. Es bedeutet, das ein Prozeß beendet wurde und das ich mich fortan, um etwas anderes kümmern werde. Die Zukunft ist noch ungewiß und das macht mir Angst. Auch empfinde ich Angst, weil ein Teil von mir befürchtet, das dieses Buch nicht gut ankommen wird. Angst besucht uns in verschiedenen Kostümen und manchmal, projizieren wir unsere Ängste auf Personen oder Dinge, die gar nichts damit zu tun haben. Nicht nur Angst kann projiziert werden. Du kannst im Grunde alles mögliche projizieren. Wer kennt nicht die Geschichte von irgendeiner x-beliebigen Mutter, die ihren unerfüllten Wunsch eine Ballerina zu werden, auf ihre Tochter projiziert? Der Tochter wird schon von klein auf gesagt, das sie ja sicher gerne Ballerina werden möchte. Ihr werden die entsprechenden Utensilien gekauft und sie wird ständig zum Ballettunterricht geschleppt. Irgendwann ist das Mädchen eine junge Frau und hat genug Selbstvertrauen und Mut, um sich von dem Wunsch ihrer Mutter zu lösen. Sie erkennt, das sie gar kein Ballett tanzen möchte. Sie möchte lieber Eishockey spielen. Ihre Mutter wird zornig und wütend. Sie spricht nicht mehr mit ihrer Tochter. Wieso also ist die Mutter so wütend? Die Mutter hat ihren Kindheitstraum auf ihre Tochter projiziert. In ihrer Tochter sah sie sich selbst und setzte all ihre Hoffnungen darauf, das sie durch ihre Tochter, endlich Frieden finden konnte. Die Mutter vergaß jedoch, das ihre Tochter nicht sie ist. Also wird sie wütend, als ihre Tochter das Ballett an den Nagel hängt. Erneut muß sie durch den Schmerz gehen, das ihr Traum unerfüllt bleibt. Schade, nicht wahr? Dabei hätte die Mutter genausogut selber Ballettstunden in ihrem fortgeschrittenen Alter nehmen können. Sie glaubt jedoch, das sie ihren Traum niemals erfüllen kann. Sie glaubt es sei unmöglich für sie eine Ballerina zu sein. Also muß es jemand anderes für sie tun, weil sie es nicht konnte.

Projektion passiert bei den meisten Menschen so automatisch, das sie es gar nicht mehr mitbekommen. Tatsächlich werden die wenigsten Menschen wissen, das es so etwas wie Projektion überhaupt gibt. Projektion ist etwas, was die meisten Menschen von ihrem Umfeld übernehmen. Jeder tut es. Ich hatte einmal ein Gespräch mit einem Freund. In diesem Gespräch ging es darum, das wir beide bereits von unserem Umfeld als verrückt oder wahnsinnig bezeichnet wurden. In diesem Gespräch sprachen wir auch über Projektion. Ich war mir gerade erst darüber bewußt geworden, das so etwas wie Projektion überhaupt existiert und versuchte es näher zu begreifen. Er sagte (sinngemäß) daraufhin etwas, was mir in Erinnerung geblieben ist: „Weißt du was verrückt ist? Es ist verrückt, das Menschen ihre Probleme auf andere Menschen projizieren!"

Projektion ist verrückt. Ver-rückt. Von sich selbst weggerückt. Du stehst neben dir. Du betrachtest einen Menschen und siehst Teile von dir selbst, die du nicht magst, in ihm. Ist dir schon mal aufgefallen, das wir häufig Dinge an anderen Menschen bemängeln, die wir selber machen? Wir projizieren unsere eigenen Fehler und Probleme auf jemand anderen und können sauer auf diese Person sein. Wieso tun wir so etwas? In unserer Gesellschaft ist es verpönt Fehler zu machen. Die Schule leistet sicherlich ihren Beitrag, denn immerzu werden einem die eigenen Fehler unter die Nase gerieben und als schlecht bewertet. Fehler sind nicht schlecht, sie sind normal. Zeige mir eine Person, die keine Fehler macht. So gut wie jeder Mensch ist so erpicht darauf, fehlerfrei zu sein, das sie alles daran legen so zu wirken, als würden sie keinen Fehler machen. Fehler werden bestraft. Wenn du nicht gut bist, dann bist du schlecht. Wenn du etwas falsch machst, dann mußt du mit den Konsequenzen rechnen. Konsequenzen können eine schlechte Note, ein Strafzettel, ein Gefängnisaufenthalt, eine Backpfeife oder Hausarrest sein. Sobald wir uns Fehlerhaft verhalten, werden wir bestraft. Genausogut reicht es, ein kleines Kind zu ignorieren, weil es sich nicht so verhält wie man es sich wünscht. „Geh auf dein Zimmer!", ist für ein Kind genauso schlimm, als würde man es verprügeln. Wieso müssen Fehler immer so hart bestraft werden? Ich persönlich möchte es anders machen, aber einfach ist es nicht. „Verhältst du dich falsch, mußt du bestraft werden!" „Verhältst du dich falsch, bis du nicht mehr liebenswert!" „Der 'Weihnachtsmann' mag nur liebe Kinder! Wenn du schlecht bist, bekommst du keine Geschenke!" Alle diese Glaubenssätze fressen sich in uns, wie Geschwüre. Wir wollen partout keine Fehler machen. Also müssen andere Menschen Fehler machen. Verstehst du, wieso wir uns der Projektion bedienen? Wir sind verzweifelt. In einer Welt mit so vielen Regeln und Normen ist es unheimlich schwierig, du selbst zu sein. „Wenn du so bist, mag ich dich nicht!" Wenn jemand wütend ist, dann macht er etwas falsch. Vielleicht hat die Person ja einen guten Grund, wütend zu sein? Vielleicht ist jemand wütend, weil er ständig bestraft wird? Niemanden interessiert, wieso sich andere so verhalten. Alles was die Menschen interessiert, ist das sie keine Schuld haben. Wann immer du besonders wütend auf eine Person bist oder du jemanden überhaupt nicht ausstehen kannst, frage dich, ob das Problem nicht bei dir liegt. Reflektiere dich selbst und erfahre wieso du jemanden nicht leiden kannst. Manchmal mögen wir Menschen nicht, weil wir ein schlechtes Gewissen haben. Wir sind sauer auf uns selbst, weil wir jemanden verletzt haben. Also projizieren wir diese Wut auf den anderen. So haben wir das Gefühl, wir hätten alles richtig gemacht. Wir projizieren unsere Angst auf die andere Person. Angst etwas falsch gemacht zu haben.

Eltern projizieren ihre Ängste auf ihre Kinder und würden sie am liebsten in Watte packen. Jetzt im Moment, kann man die Folgen der Projektion ebenfalls sehr gut erkennen. Menschen tragen Masken, in Gebieten, wo man eigentlich keine Maske tragen muß. Wieso tun sie das? Vielleicht um andere zu schützen? Ich glaube sie tun dies, weil sie Angst haben. Sie tragen eine Maske, weil sie Angst haben von anderen angesteckt zu werden. Wieso sonst wird man von so vielen Menschen angefeindet, wenn man ohne Maske in einen Supermarkt spaziert? Es könnte ja sein, das man sie vergessen oder ein Attest hat? Häufig bekommt man sehr viel Wut zu spüren, wenn andere Menschen Angst haben. Herr X hat Angst und sieht jemanden, der keine Maske trägt oder hört von einem Menschen, der sich nicht impfen lassen möchte. Also wird er wütend. Wieso wird er wütend? Weil er seine Angst auf diese Person projiziert. Diese Person ist für ihn nun ein Ventil für seine Angst. Mister X versteht nicht, wieso genau er wütend auf die Person ohne Maske ist. Er weiß nur das er wütend ist. Hätte er gelernt zu reflektieren oder was Projektion ist, wüßte er, das er lediglich seine Angst auf jemand anderen projiziert. Doch er weiß es nicht. Also ist er wütend. Alles an dieser Person regt ihn auf, obwohl sie eigentlich gar nichts dafür kann. Würde er sich eine Minute Zeit nehmen, um zu verstehen, wieso die Person keine Maske trägt oder wieso sie sich nicht impfen lassen möchte, müßte er nicht wütend sein. Er wäre dann empathisch. Er würde sich in die andere Person hineinversetzen und sie nicht als Projektionsfläche benutzen und mit Worten wie 'Solidarität' um sich werfen. So kann er seine Angst vielleicht rauslassen, schadet jedoch einem anderen Menschen. Wer projiziert, meint meistens im Recht zu sein. Wer projiziert, zeigt mit dem Finger auf andere, weil er selbst unfehlbar zu sein scheint. Demnach könnte man auch sagen, das Projektion ein Grubengrabgerät ist. Denn wer anderen eine Grube gräbt, der hat ein Grubengrabgerät. Hitler hat somit seine eigene Wut auf die Juden projiziert und wahrhaftig Gruben gegraben. Er hat Menschen verurteilt, ohne sie zu kennen. Er hat sich als Gutmensch dargestellt und ihre Körper achtlos weggeworfen. Wieso? Weil er meinte im Recht zu sein. Seine eigenen Probleme waren völlig vergessen, weil er nie gelernt hat zu erkennen, was eigentlich sein Problem ist. Jeder Mensch sollte wissen, wann er projiziert und wann nicht. Jeder Mensch sollte auch erkennen, wenn andere Menschen projizieren. Wenn jeder Mensch dazu in der Lage wäre, dann könnten wir ein viel entspannteres Leben führen.

Übrigens: Solidarität gilt übrigens auch für Menschen, die keine Maske tragen und nicht nur für die, die eine tragen. Wenn ich also ohne Maske in einen Supermarkt gehe oder mich nicht impfen lasse, dann gelte ich als 'unsolidarisch'. Jedoch verhalten sich alle Menschen, die mich als 'unsolidarisch' bezeichnen, ebenfalls unsolidarisch mir gegenüber. Tut mir leid, das ich das hier so schreibe, aber wenn die Menschen verstehen würden, was sie eigentlich sagen, dann müßte ich es nicht tun. Weißt du was? Es tut mir gar nicht leid!

Stell dir einmal rein hypothetisch vor, das ich nun in die Stadt gehe und den Menschen erzähle, das die Erde flach ist. Ich stelle mich hin und bringe Argumente vor welche für mich schlüssig sind, weil ich mein eigenes Weltbild reflektiert habe und mir meine eigene Meinung gebildet habe. Ich stehe für mich und meine Rechte ein. Jetzt stell dir den Mob vor, der sich versammelt und mich beschimpft. Sie werden langsam wütend, denn es kann ja nicht sein, das ich solche Lügen verbreite. Die Regierung sagt uns doch ganz klar, was Sache ist. Also wie kann sich jemand einfach so dahinstellen und dagegen sein (wobei er ja eigentlich nicht dagegen ist, sondern schlichtweg FÜR etwas anderes als die gängige Meinung). Ich kann diese Szene noch etwas erweitern. Ich fange an den Menschen den Spiegel vorzuhalten und sie zu zwingen sich selbst zu sehen. Ich erzähle ihnen, das sie nichts hinterfragen. Also fangen sie an wütend zu werden. Vielleicht werden sie sogar handgreiflich, wer weiß. Der eigentliche Grund, wieso sie wütend auf mich werden, ist das sie ihre eigene Wut und ihre Angst auf mich projizieren. Ich spreche Dinge aus, die ihnen Angst machen. Sie müssen sich plötzlich mit der Angst auseinandersetzen, das wir hinters Licht geführt werden. Das wir manipuliert werden. Wenn es stimmen würde was ich da erzähle, dann würde ihr ganzes Leben auf einer Lüge basieren und das glaubt niemand gerne. Sie fühlen sich persönlich angegriffen, dabei stelle ich ja nur meine eigene Meinung dar. Aber das reicht bereits. Jeder Mensch der nicht in der Lage ist zu reflektieren, projiziert alles auf seine Umgebung. Wieso hassen manche Menschen schwarze? Vermutlich, weil ihre Meinung zu dunkelhäutigen Menschen so durch das Rassendenken pervertiert wurde, das sie diesen Haß auf einzelne Individuen projizieren. Grundlegend ist nämlich das Folgende: Es gibt absolut keinen Grund etwas oder jemanden nicht zu mögen. Wieso? Nun, ganz einfach: Solange es einen einzigen Menschen auf der Welt gibt, der eine bestimmte Sache mag, ist es möglich diese Sache zu mögen. Das heißt, das dieser Mensch eine Perspektive hat oder eine Erfahrung, die es ihm erlaubt diese eine Sache zu mögen. Die meisten Menschen mögen keine Bitterstoffe, obwohl diese sehr gesund sind. Wieso? Vielleicht weil wir schon seit unserer Kindheit mit Süßkram vollgepumpt werden und wir heutzutage lieber süß bevorzugen. Erkennt man dies, fällt auf, das jeder Mensch theoretisch dazu in der Lage ist, Bitterstoffe zu mögen. Dazu muß er sich von seinem eigenen Ekel befreien. Es wäre vermutlich notwendig, etwas zu ändern und weniger Zucker zu konsumieren. Ich habe nie gesagt, das es einfach ist sich zu verändern...

Was ich damit sagen möchte ist nicht, das meiner Ansicht nach die Erde flach ist. Ich möchte lediglich damit zeigen, das es auf Grund mangelnder Reflektionsfähigkeiten der Bürger, nahezu unmöglich ist die eigene Meinung kundzutun, da jeder sie persönlich nehmen wird. Wieso sollte es mich stören, wenn ein Mensch glaubt, das die Erde flach ist? Das hat schließlich mit mir und meinem Weltbild, herzlich wenig zu tun. Fühle ich mich angegriffen von den Äußerungen anderer, fange ich an zu diskutieren und zu projizieren...

An dieser Stelle finde ich es sinnvoll zu erwähnen, das Reflektion und Projektion miteinander verbunden sind. Lerne ich zu reflektieren, projiziere ich mich selbst nicht mehr auf andere Menschen, weil ich mich selber erkenne. Ich verstehe, wieso ich gewisse Dinge mag oder nicht mag und kann diese ändern. Das heißt nicht, das ich jetzt nur noch bittere Dinge zu mir nehme, sondern das ich plötzlich die Freiheit habe mich zu entscheiden. Ein Mensch der ausschließlich projiziert, hat dies nicht. Er ist so sehr damit beschäftigt auf andere mit dem Finger zu zeigen, das er gar nicht dazu kommt, sich selbst in Frage zu stellen.

Beispielsweise projizieren viele Menschen ihre eigene Unsicherheit auf andere. Sie bemängeln das Äußere ihrer Mitmenschen. Im Grunde tun sie dies nicht, weil sie böse sind, sondern weil sie unglaublich unsicher sind. Mobbing ist nichts anderes. Der Schmerz eines Einzelnen wird auf andere projiziert und er fügt ihnen Schaden zu, weil ihm selbst geschadet wurde. Habt ihr euch mal gefragt, wieso es häufig der Junge mit einem schwierigen Elternhaus ist, der andere drangsaliert? Projektion mit einer Prise Verzweiflung, et voilà. Ein Psychopath oder ein Massenmörder, der sich ausschließlich auf Frauen fokussiert hat, projiziert seine Abneigung gegen Frauen auf jedes seiner Opfer. Er hat solch negative Erfahrungen gemacht, das er meint alle seien so. Aus seinem eigenen Schmerz ist ein Gefängnis geworden, aus dem er nicht mehr in der Lage ist zu entkommen. Der Schlüssel hierzu, wäre natürlich die Reflektion. So könnte er sich fragen, wieso er Frauen schaden möchte. Würde er diesen Weg einschlagen, würden wir nie von ihm in der Zeitung lesen. Denn eines tut die Zeitung meistens nicht, positives berichten. Wieso sollte sie über einen Menschen schreiben, der erfolgreich seine Abneigung gegen Frauen gemeistert hat, wenn es doch so viele Beispiele gibt die das nicht tun? Und wo wäre die Pharmaindustrie und die Psychiatrie ohne solche Menschen? Vermutlich überflüssig!

Polarisation

Die Polarisation ist ebenfalls eng verbunden mit der Projektion. Was genau versteht man darunter? Polarisation deutet auf die Anwesenheit zweier verschiedener Pole hin, welche sich gegenüber stehen und sich abstoßen. So oder so ähnlich könnte man es beschreiben. Ich bin jahrelang überall barfuß gelaufen. In der Stadt, auf Toiletten. Einfach überall. Dabei ist mir etwas aufgefallen: Es gab dabei Menschen, welche mir quasi zujubelten oder welche Interesse gezeigt haben und Fragen stellten. Es gab aber auch einen Fall, wo jemand mir vor die Füße gespuckt hat. Dann gab es noch die Leute, die es nicht einmal bemerkt haben und diejenigen, die es einfach nur gesehen haben. Durch mein Verhalten habe ich es geschafft, Extreme zu schaffen. Hier ist wieder die Projektion von Relevanz. Denn auf Grund der persönlichen Erfahrungen oder Werte, die ein Mensch hat, bekomme ich unterschiedliche Reaktionen. Ich spalte die Gruppe in Fraktionen, könnte man sagen. Jeder projiziert etwas anderes auf mich und dadurch ergreifen sie Partei. Man könnte sagen, das die Politik ganz gezielt eine Polarisation der Gesellschaft generiert. Ob dies nun bewußt oder unbewußt geschieht, sei mal dahingestellt, aber solange es nicht hinterfragt wird, kann sich nichts ändern. Polarisation spaltet also auf Grund von Projektion. Also ist Reflektion der Schlüssel, um beide Verhaltensweisen aufzulösen. Ich sagte ja bereits, das Reflektion der heilige Gral ist.

Dieser Abschnitt über Polarisation erscheint mir doch etwas dünn. Vielleicht liegt es auch daran, da wir mittlerweile nach Mitternacht haben und mir niemand gesagt hat, das ich ins Bett gehen soll? Schade eigentlich. Ich fühle mich so wohl, mit klaren Ansagen, die ich nicht hinterfragen muß oder darf. Herrlich, nicht wahr? Schön, einfach, stupide. Polarisation ist und bleibt ein sehr erfolgreiches Mittel, um Macht auszuüben. Wenn ich nicht möchte, das sich die Bürger zusammenfinden und gegen mich - das Oberhaupt - wettern, dann spalte ich sie einfach. Ich werde eine Person nehmen, die dafür ist und eine, die dagegen ist. Dann werde ich sie gut bezahlen und sie der jeweiligen Fraktion zur Verfügung stellen. Jetzt habe ich ein System geschaffen, das so sehr damit beschäftigt ist, sich gegenseitig zu bekämpfen, das ich ruhig und entspannt weiter das Oberhaupt sein kann. Moment mal! Wer sind denn die da hinten?

Das wären dann vermutlich die Menschen, die der Reflektion fähig sind und erkannt haben, was passiert. Schön, das es euch gibt!

Zusammenfassung erster Teil

Don't ask me why, but this sentence needs to be in english. Maybe this one too. Okay, for the sake of my readers I shall refrain from continuing in this language and switch back to what we believe is our native tongue.

Das war hart. Englisch geht mir sehr gut von der Hand, wohingegen ich die deutsche Sprache manchmal als mühselig empfinde. Stimmt ja gar nicht. Was möchte ich in diesem Abschnitt vermitteln? Wenn es noch nicht klar geworden ist, so versuche ich dies im Handumdrehen nachzuholen. Aber erst mal eine Runde dehnen...

Gesagt, getan. Zudem habe ich noch einen Pullover im Kurzprogramm gewaschen. Frisch geliefert enthalten Kleidungsstücke schließlich allerlei ungesunde Chemikalien, welche ich nur ungern durch meine Hut aufnehmen möchte. Denn sie gehen von außen nach innen. Also unter die Haut. Beim Schreiben versuche ich so wenig wie möglich in Frage zu stellen und zunehmend lerne ich, das mir durch kurzzeitiges 'Abschweifen' ermöglicht wird, eine gute Überleitung zu finden. Was wir im Außen betrachten, scheint uns oft nichts 'anzugehen', jedoch ist dies ein Trugschluß. Alles, was von außen auf mich wirkt, wird sich in meinem Inneren wiederfinden. Bei positiven Dingen mache ich gerne die Tür auf und lasse sie herein. Gesundes Essen, ein freundliches Wort oder ein emotionaler und schöner Film. Her damit! Alles andere kann gerne auch draußen bleiben. Negative Energie umgibt uns in der heutigen Welt auf Schritt und Tritt. Ich schalte den Fernseher ein, ich surfe durch das World Wide Web. In all diesen Medien finden wir Inhalte, welche uns ganz subtil beeinflussen. Subtil ist vielleicht nicht das richtige Wort an dieser Stelle. Sie tun dies sehr offensichtlich, wenn man gelernt hat, es zu erkennen. Für mich ist es unbegreiflich, wie man sich jeden Tag die Nachrichten angucken kann. Auch wenn ich jahrelang selber Pornos konsumiert habe, ist es mir eigentlich unbegreiflich, wieso ich nicht schon früher die Notbremse gezogen habe. Häufig warten wir, bis es so schlimm ist, das etwas getan werden muß. Jetzt frage ich Dich: Willst du das? Muß es wirklich extrem schlecht sein, um besser zu werden? Ich denke nicht. Durch die Hilfsmittel, die ich dir in diesem Buch vorstellen werde, hoffe ich zu vermitteln, wie du dir in kürzester Zeit über viele Problemthemen bewußt werden und diese gezielt abarbeiten kannst. Selbstständig und auf eigene Faust. Ich gebe dazu keinen Leitfaden mit, sondern einfach nur Anregungen. Denn jeder geht seinen eigenen Weg. Das einzige was du dazu brauchst, ist eine Erkenntnis. Die Erkenntnis, das sich etwas ändern muß. Du kannst jetzt dein Leben lang demonstrieren und versuchen, die Welt zu verbessern. Dazu rate ich dir zunächst nicht. Denn die meisten Menschen, die das tun, projizieren ihre eigenen Probleme und Ängste auf andere und demonstrieren. Sicherlich ist es nicht falsch, dies zu tun, denn es zeigt vor allem, das etwas nicht ganz richtig ist in unserer Welt. Jedoch kostet es eine ganze Menge an Zeit und Energie, andere Menschen davon zu überzeugen, das sich etwas ändern muß. Deshalb empfinde ich es als äußerst ratsam, sich selbst zu verändern. Denn je mehr die Menschen in deinem Umfeld sehen, wie stark sich ein Mensch verändern kann und wie positiv sich das, was er tut, auf seine Lebensqualität auswirkt, desto mehr werden sie realisieren, das etwas in ihrem Leben fehlt. Was genau das ist, findest du am besten selber heraus. Niemand kann dies für dich tun. Es ist eine Entscheidung. Eine Entscheidung, die den Rest deines Lebens verändern kann und vermutlich auch wird. Laß mich dir sagen, das es nicht immer einfach sein wird. Doch sobald deine Reise beginnt, wirst du vor allem eines feststellen: Du willst nicht mehr zurück.

Die Welt die uns umgibt, ist voller Negativität. Die Abschnitte in diesem Kapitel dienen lediglich als Augenöffner, um dir die Ernsthaftigkeit deiner Situation vor Augen zu führen. Wir wehren uns meistens sehr energisch dagegen, die Wahrheit zu erkennen. Schließlich war es eine Menge Arbeit, uns selbst ein Leben lang vorzugaukeln, das alles perfekt ist und wir keine Probleme haben. Wenn ein Satz in diesem Buch dir das Gefühl gibt, das ich Recht habe, dann zögere nicht. Triff eine Entscheidung. Sei mutig und denke immer daran: Angst ist ein Feigling. Gehst du auf sie zu, rennt sie Weg.

Zweiter Teil:

Die Säulen der Erkenntnis

4 - Einleitung

Hallo und guten Tag, lieber Leser. Willkommen in der zweiten Welle an Informationen. Ich habe mir vorab gut überlegt, das es genau 3 Teile geben soll. Mir war von Anfang an klar, das wenn ich möchte, das jeder, der dieses Buch liest, ohne zu murren genau das tut, was hier drin steht, 3 Teile notwendig sind. Man könnte von einem Manuskript für den Erfolg sprechen, aber das wäre vielleicht etwas weit hergeholt. Um ehrlich zu sein, habe ich mich an den Maßnahmen orientiert, welche zur Zeit sehr erfolgreich von unserer Regierung eingesetzt werden. Sinnvoll, strukturiert und mit vielen Worten schaffen sie es, uns genau das tun zu lassen, was sie möchten. Nämlich nichts. Nun ja, nichts stimmt ja nicht so ganz, oder? Wir dürfen ja so einiges. Zwischenzeitlich durften wir sogar bis 22 Uhr draußen spielen. Ein wahrer Erfolg, den ich hier gerne in schriftlicher vorm lautstark beklatschen möchte. Vielleicht kannst du ja die Buchstaben dazu animieren mitzumachen? Denn im Grunde mußt du sie nur alle so anordnen, das alle gleich sind. Wenn du magst, dann sieh dies doch bitte als eine kleine Hausaufgabe. Schreibe alle Wörter aus diesem Buch auf Zettel und schneide sie dann in kleine Fitzelchen, so das auf jedem Schnipsel, nur jeweils ein Buchstabe zu finden ist. Dann füge sie doch bitte so zusammen, das du genau 3.000.000.000 Mal das Wort 'Beifall' geformt hast. Du kannst sicher davon ausgehen, das ich beim Schreiben sehr genau darauf geachtet habe, das es auch ja aufgehen wird. Denn ich möchte dich schließlich nicht enttäuschen und dir etwas vormachen. Nein! Denn viel schöner fände ich es, wenn du etwas nachmachen würdest. Fang an und denke selbst. Wie du das tun kannst, möchte ich dir in den 'Grundlagen des kritischen Denkens' vermitteln. Es ist eigentlich gar nicht so schwer. Und weil gar nicht, gar nicht zusammengeschrieben wird, beende ich diese kleine Kapiteleinleitung an dieser Stelle und übergebe dich dir und deiner kritischen Meinung. Denn diese, das laß dir versichert sein, darfst du ohne Zinsen behalten. Ich habe nicht vor, sie dir wegzunehmen oder sie zu versteuern. Herrlich, nicht war? Vielleicht könnte dies ein Appell an all die Menschen da draußen sein, die blindlings Befehle und Anweisungen befolgen, ohne diese in Frage zu stellen? Danke, das du den Mut hast etwas dagegen zu tun. Unsere Freiheit fängt bei uns an. Je lauter unsere Stimme wird, desto schneller kann dieser Wahnsinn ein Ende finden.

a - Das Buch und die Biene

Laß mich dir zwei Geschichten erzählen, von zwei Menschen, wie sie unterschiedlicher nicht sein könnten. Du entscheidest, welche Geschichte du zu deiner Realität machen möchtest:

Es war einmal vor langer, langer, langer, langer, langer Zeit, in einem sehr weit entfernten Königreich. Dieses Königreich war so weit entfernt und existierte vor so langer Zeit, das selbst die Bewohner nicht wissen, wann genau es eigentlich existierte oder wo genau es lag. Natürlich könnte der Erzähler (nämlich ich) sich jetzt irgendeine Geographische Position, auf einer imaginären Landkarte überlegen, oder einfach irgendeine Zahl in den Raum werfen, damit du, verehrter Leser, das Gefühl hast, es würde auf die eine oder andere Weise, mit unserer Welt in Bezug stehen. Tatsächlich hatte die Welt, von der ich dir hier berichten möchte, rein gar nichts mit unserer Welt zu tun. Die 'Leute' sahen nicht so aus wie wir und auch sonst war alles ganz anders. Nun ja, vielleicht nicht alles, aber doch einiges. Bevor ich mich noch in den Einzelheiten verliere, beginne ich einfach zu erzählen, denn dafür werde ich ja schließlich bezahlt.

Also gut, wo war ich? Ach ja, die Geschichte: In diesem fernen Land gab es ein Schloß und in diesem Schloß hausten viele......Lebewesen. Zwei dieser Wesen waren Brüder und sehr verschieden. Der eine hieß Do und der andere Dont. Nun, das scheinen wohl recht ungewöhnliche Namen zu sein, doch lassen wir uns nicht weiter davon verwirren. Wie es 'der Zufall' so wollte, waren Do und Dont eineiige Zwillinge und sahen sich sehr ähnlich. Einer der beiden, Dont, war eine Bücherratte - also nicht wirklich eine Bücherratte, sondern jemand, der gerne laß - und verschlang zahlreiche Bücher am Tag. Wie es sich für so jemanden geziemt, trug er natürlich eine Brille. Klassischerweise war er zudem sehr bleich und etwas mager. Nicht etwa, das er dürr war, er bestand eben einfach aus Haut und Knochen und das, was irgendwo zwischen Haut und Knochen sein sollte (nämlich Muskeln), kam lediglich etwas zu kurz. Dont liebte es, Menschen zu sagen, was sie besser machen konnten oder was sie eben besser NICHT machen sollten. Er hatte sehr viel Wissen über die Jahre angehäuft und verstand sich sehr gut auf die eine oder andere Sache. Auch wenn es ihm in allen Bereichen (außer dem Lesen natürlich) an Erfahrungen mangelte, konnte er, wenn er wollte, hilfreiche Informationen liefern wenn es darum ging gewisse Sachverhalte zu klären oder etwaige Probleme zu lösen. Es verstand sich auch besonders gut auf das Knobeln und sah ein Problem, wie eine Art Puzzle. Er liebte es, stundenlang über Problemen zu brüten und diese zu lösen. Körperliche Arbeit war ihm hingegen zu wieder. Doch wenn jemand einen Ratschlag brauchte, so scheute er sich nicht ohne Umschweife, zahlreiche kluge Köpfe zu zitieren und den Fragesteller mit ellenlangen Vorträgen zu bereichern. Wie du dir oder ich mir und jeder andere der Dont's Beschreibung gelesen oder verfaßt hat, sich vielleicht vorstellen kann, war Dont nicht sonderlich beliebt. Zum einen lag es daran, das Dont meinte alles zu wissen. Jedoch hatte er eigentlich keine Ahnung wovon er sprach. Sein Bruder hingegen, war in vielen, wenn nicht sogar allen Bereichen, das komplette Gegenteil von Dont. Do war ein Draufgänger. Auch wenn er bis jetzt noch nicht draufgegangen war, ging er gerne drauf. Drauf auf das Problem, das ihm des Draufgehens würdig erschien. Er nahm Anlauf und sprang. Dann biß er sich mit allem was er hatte an seinem Problem fest und wartete bis es aufgab. Entgegen der Vorgehensweise von Dont, nutzte Do seine Muskelkraft. Man könnte sagen, das das was Dont an Gehirnschmalz aufzuweisen hatte, Do an Muskelschmalz aufwies. Er hatte Zahlreiche Narben, die seinen Körper bedeckten und verstand sich wie kein anderer darauf, nichts zu verstehen. Er verstand im Grunde gar nichts, denn er war ein Macher. Er machte dieses und er machte jenes. Das Problem war nur, das auch wenn er so viel machte, er so gut wie nie und niemals dachte! Alle liebten ihn und er war immer freundlich. Ständig war Do irgendwo unterwegs und erlebte Abenteuer, doch wenn jemand ihn fragte was er eigentlich genau tat, fehlten ihm die Worte es auszudrücken. Er fing an zu stottern, zu grinsen und dann lief er zu seinem Bruder. Man hätte meinen sollen, das Do und Dont nicht miteinander auskamen, doch dem war ganz und gar nicht der Fall. Do und Dont verstanden sich blendend, denn sie verbrachten gerne Zeit miteinander. Sie sprachen zwar wenig, weil Do meistens wenig von dem verstand was Dont ihm sagte und Dont nicht von dem begriff, was seinen Bruder antrieb das zu tun was er tat. Dont war der Meinung, das man alle Informationen bekommen könnte wenn man nur ein Buch aufschlug und Do wäre der Meinung gewesen (hätte er sich jemals die Mühe gemacht eine Meinung zu haben), das man kein Buch braucht um Dinge zu tun. Beide waren sozusagen Experten auf ihrem Gebiet, jedoch fehlte beiden eigentlich das, was der andere so gut konnte. Vielleicht war dies so, weil die Beiden eineiige Zwillinge waren und der eine das Hirn und der andere die Muskeln abbekommen hatte.

b - Anmerkung des Autors

Nun, wieso habe ich den Erzähler angewiesen dir diese Geschichte zu erzählen? Wieso ist diese Geschichte so kurz und unvollständig und wieso heißt sie 'Das Buch und die Biene'? Nun, beides kann ich dir mehr oder weniger zufriedenstellend beantworten, jedoch ist eines dabei ganz klar. Im Grunde geht es bei dieser Geschichte nicht um die Geschichte an sich, sondern um die beiden Charaktere. Ach, das hast du dir schon gedacht? Wie schlau von dir ...

Im Grunde möchte ich dir etwas hilfreiches mit auf den Weg geben. Hast du dich eher zu Do oder zu Dont hingezogen gefühlt? Zu keinem? Auch das ist vermutlich okay. Viele Menschen meinen, sie sind das eine oder das andere. Ich persönlich kann nur für mich selber sprechen, aber ich dachte immer, das ich keiner von beiden sei. Ich passe nicht wirklich in irgendwelche Beschreibungen, weil ich die Dinge auf meine Art und Weise mache. Häufig versuchen die Menschen die Dinge so anzupacken, wie andere sie tun würden, auch wenn dies häufig entgegen der eigenen Wünsche ist. Wenn es nach den Menschen in meiner Umgebung gehen würde, dann hätte ich vermutlich viele Dinge in meinem Leben, ganz anders gemacht. Das Leben und unsere Entscheidungen sind jedoch nicht immer Schwarz oder Weiß. Im Gegenteil! Sie sind Schwarz und Weiß! Jede Situation und jede Entscheidung, hat mehr als eine Seite.

Mann kann immer alles was im Leben geschieht, was man tut oder getan hat, aus unterschiedlichen Blickwinkeln betrachten. Hast du schon einmal etwas geklaut? Sicherlich etwas das Do getan hätte, wohingegen Dont sich der Konsequenzen bewußt gewesen wäre und es gelassen hätte. Manche Menschen leben in ihrer Vorstellung und andere Leben einfach. Sie setzten einen Fuß vor den anderen und denken nicht groß nach. Sie sind sogenannte Macher. Nun, ich möchte dir in diesem Teil vermitteln, wie du ein Macher mit Köpfchen sein kannst. Wenn du schon Köpfchen hast, dann mußt du nun Erfahrungen sammeln und wenn du Erfahrungen hast, dann solltest du jetzt Wissen anhäufen und dir diese Erfahrungen bewußt machen.

Ich bin mir gerade unschlüssig, ob ich dich gerade nur verwirre oder ob ich dir dabei helfe, etwas zu verstehen? Um beiden Szenarien mehr Futter zu geben, laß mich dir eine Geschichte aus meinem Leben erzählen:

Wir schreiben das Jahr 2018 und ich bin in Südafrika. Es ist das letzte Jahr meines Aufenthalts und ich habe schon einiges erlebt und gesehen. Ich und eine Gruppe anderer Studenten kommen gerade von einem Spaziergang zurück und bewegen uns auf eine kleine 'Brücke' zu, welche zum einen als Staudamm dient und zum anderen für die Überquerung des Flusses genutzt wird. Wenn ich Brücke sage, meine ich eigentlich einen betonierten Weg, welcher bei Hochwasser kurzzeitig überflutet ist. Also eigentlich mehr eine Überquerung, als eine Brücke. Nun ja, was soll's! Wir waren gerade in einer recht trockenen Phase des Jahres und der Wasserstand war sehr niedrig, weshalb man links und rechtsseitig der Brücke gehen konnte, ohne Gefahr zu laufen, zu nah ans Wasser zu gelangen. Als wir also in Sichtweite der Überquerung waren (mein innerer Kontrolleur erlaubt mir nicht, hier weiterhin das Wort Brücke zu verwenden) erspähten wir ein recht großes Exemplar eines Krokodils (*Crocodylus niloticus*). Es war wirklich recht groß und maß vermutlich an die 4m - wir hatten leider keine Zollstock dabei. Das Krokodil lag auf der Überquerung (welche später als Maßstab für die Längenberechnung diente) und sonnte sich. Die Gruppe war natürlich ausgerüstet mit Ferngläsern und Kameras und sofort fingen alle an, Fotos zu schießen. Ich hatte schon länger auf so einen Moment gewartet und mich überkam meine Abenteuerlust. Also begann ich, mich langsam dem Krokodil zu nähern. Ich wollte wissen, wie nah ich ihm eigentlich kommen konnte und da ich zu weilen ein sehr begnadeter Fotograf bin, schoß ich, etwa alle 20cm, einige Fotos. Ich realisierte ab einer gewissen Nähe, das es vielleicht nicht so klug wäre, mich dem Krokodil so schutzlos auszuliefern. Also näherte ich mich von der rechten Seite der Überquerung. Ich vermutete das dies sicher war und schätzte meine Chancen, gefressen zu werden, als sehr gering ein. Wieso? Ganz einfach: Der Kopf des Krokodils zeigte in diese Richtung und natürlich wollte ich ein frontales Photo schießen. Außerdem fiel hinter der Überquerung, der Boden etwas ab und es befanden sich einige große Felsen dort, welche etwa mit der Höhe der Überquerung abschlossen. Ich rechnete mir meine Chancen gefressen zu werden also als sehr gering aus, weil ich in Betracht zog, das ich es hier mit einem äußerst intelligenten Tier zu tun hatte. Als solches vermutete ich, das es nicht versuchen würde mich zu attackieren, da es keinen ausreichenden Vorteil haben würde. Zum einen wußte ich bereits, das es da ist und zum anderen hätte es sich verletzen können. Dazu kam natürlich noch der hohe Energieaufwand, den es das Krokodil kosten würde. Demnach würde die Kosten-Nutzen Rechnung des Krokodils sehr negativ ausgehen. Ich war mir also über all diese Dinge bewußt, bevor ich mich auf ca 3-5m dem Krokodil näherte und unter einem regen Ausstoß an Adrenalin, das Foto auf der nächsten Seite schoß.

Nettes Bild, nicht war? Freilich habe ich es etwas bearbeitet, um meiner Kreativität und meinen Schwarz-Weiß-Ansprüchen für dieses Buch, gerecht zu werden. Im Grunde geht es auch nicht darum, hier zu zeigen, was für ein toller Fotograf ich bin oder wie nah ich an ein Krokodil herankomme. Ich würde auch niemandem raten dies nachzumachen. Worum es eigentlich geht, ist was genau im Anschluß passiert ist und wie das ganze in Bezug zu der Geschichte steht.

Nachdem ich also dieses wunderbare Foto geschossen hatte und sicher wußte, das ich nicht von einem Krokodil gefressen wurde, ergab sich die folgende Situation. Eine der Studentinnen hielt große Stücke auf sich und ihre Reptilienkenntnisse. Sie posaunte immer heraus, wieviel Ahnung sie von Reptilien hatte und wie sehr sie diese Tiere liebte. Dabei war ich es und nicht sie, die diesen Tieren immer recht nahe kam. Ich liebe Reptilien sehr. Sie faszinieren mich und ich bin schier überwältigt von dem Gefühl, was sie einem geben. Wenn du schon mal sehr nah an ein tödliches Reptil gekommen bist, verstehst du vielleicht was ich meine. Einerseits sind sie unheimlich ruhig und berechnend. Sie können dir das Gefühl geben, versteinert zu sein. Andererseits würde ein Biß reichen, um dich zu töten. Es ist fast so als würden sie Mutter Natur repräsentieren. Zum einen nährt uns die Natur, zum anderen kann sie dir jeden Moment das Leben neben. Die Natur ist Leben und Tod zugleich. Genauso habe ich Reptilien empfunden. Ich kann davon berichten, weil ich ihnen sehr nahe gekommen bin und weil ich sie beobachtet habe. Die Studentin, welche sicherlich viel über diese Tiere wußte, berief sich hauptsächlich auf ihr Wissen aus Büchern. Sie hatte viel darüber gelesen, dennoch hatte sie Angst, sich diesen Tieren zu nähern. Ein wenig wie Do, welcher vermutlich so wie ich, einfach zu den Tieren gehen würde und Dont, welcher viel über diese Tiere weiß, aber ihnen lieber in einem Buch begegnet, als im echten Leben. Wo war ich? Richtig, die Studentin ...

Die besagte Studentin fing alsbald an, mir vorzuwerfen, das ich keine Ahnung habe, was ich da eigentlich tue. Es gab eine weitere Situation, wo ich einem Python (*Python natalensis* sehr nahe kam und dieser sich etwas bedrängt fühlte. Die Schlange wollte mir signalisieren, das ich etwas Abstand nehmen sollte und zeigte mir dies, mit einem Warnstoß. Sie erwischte mich nicht. Interessanterweise ist mir in meiner gesamten Zeit in Südafrika nie etwas mit Tieren passiert. Ich bin sehr vielen Tieren sehr nahe gekommen (ohne sie zu berühren) und keines davon, hat mich je gebissen oder verletzt. Die Studentin fühlte sich vermutlich eingeschüchtert von meinem Mut und mußte mich irgendwie schlecht dastehen lassen, weshalb sie meine Kenntnisse bemängelte. Von außen betrachtet kann ich ihre Meinung dazu sehr gut nachempfinden, denn ich hatte weder einen Schlangenkurs, noch sonstige Kenntnisse im Umgang mit solchen Tieren vorzuweisen. Jedoch interessierte sie es auch nicht, von mir zu lernen. Ich habe nämlich einen sehr guten Instinkt, was die Distanz zu Tieren angeht. Ich wußte immer ziemlich genau was ich tat und wurde dafür mit wundervollen Fotos belohnt. Ein weiteres Beispiel, ist ein Bild einer Puffotter (*Bitis arietans*), welches ich aus nächster Nähe mit einem Makro-Objektiv geschossen habe. Zugegeben sind Puffottern etwas träge im Vergleich zu anderen Giftschlagen, dennoch vermögen sie dich ins nächste Krankenhaus zu befördern und im schlimmsten Falle zu töten.

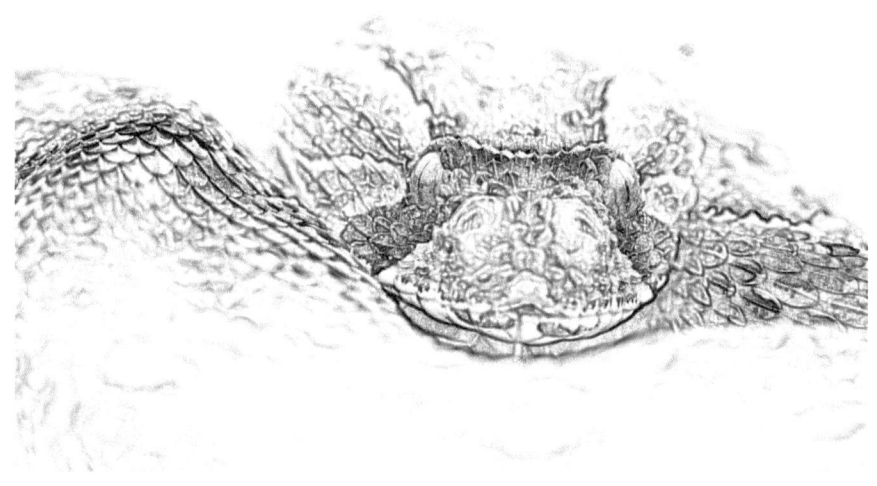

Um ehrlich zu sein, gedenke ich den zweiten Teil dieses Buches nicht zu sehr in die Länge zu ziehen. Jedoch frage ich mich gerade, ob ich das schaffen werde. Ich habe mir maximal 200 Seiten Inhalt als Grenze gesetzt. Wir werden sehen ob es dabei bleibt. Wenn ich weiter so ausschweife, vermutlich nicht...

Eigentlich geht es doch um das Folgende: Wenn wir gewisse Dinge tun, von denen wir eigentlich überzeugt sind, das wir sie können, dann begegnet uns unser Umfeld häufig mit Mißtrauen. Wir haben vielleicht keinen Schein, der uns als Fachmann im Umgang mit Schlangen oder mit dem Fahrrad ausweist, jedoch haben wir unser Selbstvertrauen. Dieses Selbstvertrauen ist unglaublich wichtig, wenn du deine Ängste bewältigen möchtest. Wieso? Ganz einfach: Dein Umfeld ist voller Angst. Du bist voller Angst. Dein Umfeld möchte sich seinen Ängsten aber nicht stellen. Ganz und gar nicht! DU möchtest dich aber deinen Ängsten stellen. Deine Mutter, dein Vater und vielleicht dein Partner oder deine Freunde, werden in den meisten Fällen kein Verständnis dafür haben, wieso du die Dinge tust, die du tust. Sie werden es vielleicht sogar schlecht reden. Wenn jemand etwas versucht, was entgegen der Norm ist, dann wird er oder sie belächelt werden. Du wirst dich vermutlich mit Neid, Eifersucht, Ablehnung, Unverständnis und vielem anderen, konfrontiert sehen. Es ist wichtig, das du an dich glaubst, denn in vielen Fällen wird niemand sonst an dich glauben. Wenn ich immer gekniffen hätte, weil eine mir nahestehende Person Angst hatte, weil ich nachts alleine in den Wald gegangen bin, hätte ich nie irgend etwas gemacht. Gerade Eltern können sehr erdrückend sein, wenn man Dinge tut, wovor sie selber Angst haben. Du mußt dich diesen Ängsten also nicht nur in dir selber stellen, sondern auch in anderen Menschen. Wenn du es geschafft hast, dich von den Ängsten anderer nicht mehr beeinflussen zu lassen, hast du einen großen Schritt gemacht. Erinnere dich an den folgenden Spruch:

„Der mutigste im Raum gibt anderen Mut. Der Angsthase gibt anderen Angst."

Bis du tatsächlich und wahrhaftig, der Mutigste im Raum bist, hast du vermutlich noch einige Erfahrungen vor dir. Doch ist es wichtig, sich diesen Satz immer wieder in Erinnerung zu rufen. Warum? Weil du mit der Angst der anderen konfrontiert werden wirst. Andere Menschen werden dich in ihre Angst hineinziehen und du wirst hart auf die Probe gestellt werden. Zweifelst du an dir und deinem Vorhaben, wird die Angst dich übermannen. Demnach mußt du lernen, Mut aus dir selber zu schöpfen. Denke noch einmal an die Gebrüder Do und Dont. Der eine war ein Macher und voller Narben. Er dachte nie wirklich nach und sprang jeder Gefahr in den Nacken. Er kannte Angst vermutlich gar nicht. Dont kannte Angst wohl ganz gut, vermied sie aber. Er hatte viel theoretisches Wissen, aber keine praktischen Erfahrungen. Jetzt stell dir vor, du würdest Do und Dont, zu einer einzigen Person vereinen. Du hättest nun einen Menschen, der in der Lage ist, seinen Verstand zu nutzen und gleichzeitig, alle notwendigen Erfahrungen zu machen. Klingt ziemlich unschlagbar, wenn du mich fragst. Ich denke, ich habe dies erreicht. Ich habe viele wertvolle Erfahrungen gesammelt, aber mit Verstand. Ich habe erkannt, das jedes Wissen wertlos ist, wenn wir es nicht in die Tat umsetzen. Du kannst dein Leben lang Bücher über Eiscrème, die Liebe, Autofahren, Flugzeug fliegen, Bauchschmerzen oder Geburten lesen, aber wenn du diese

Erfahrungen nicht selber machst, fehlt dir etwas ganz Entscheidendes. Dein Herz wird niemals begreifen, wie es sich anfühlt, diese Dinge zu tun. Du wirst in einer Fantasiewelt leben und du wirst in ihr sterben. Ohne Erfahrungen wirst du ein Schwätzer sein. Das klingt jetzt ziemlich fies, nicht wahr? Ich rede in diesem Buch nur über die Dinge, von denen ich wirklich reden kann. Das Einzige, was ich wahrhaftig wissen kann, basiert auf meinen eigenen Erfahrungen. Die Reflektion und das Wissen helfen mir, besser zu verstehen, was ich erlebt habe und wie ich daraus lernen kann, um Fehler in der Zukunft zu vermeiden. Das ist meine Herangehensweise. Ich sehe ein Problem. Ich beschäftige mich intensiv mit diesem Problem. Ich konfrontiere das Problem. Ich löse das Problem. Wie genau das funktioniert, versuche ich dir, so gut es geht, beizubringen. Jedoch geht es nur, wenn du bereit bist, dich deinen Ängsten und dir selber, aktiv entgegenzustellen. Ich kann es gar nicht oft genug wiederholen, aber es ist wirklich wichtig, das du selber den tiefen und ehrlichen Wunsch verspürst, aus deinen Kinderschuhen herauszuwachsen und mutig zu sein.

Jede Geschichte hat verschiedene Perspektiven. Wenn du glaubst, das alles schwarz oder weiß ist, dann muß ich dich leider enttäuschen. Alles ist schwarz UND weiß. Wieso ist das so wichtig? Wenn ich einen Autounfall nur als schwarz betrachte, dann kann ich daraus nichts lernen. Sinnvoller wäre es, diesen Autounfall zu betrachten und zu verstehen, wieso er entstanden ist. Erst dann kann ich daraus lernen. Wenn ein Mensch von einem Krokodil gefressen wird, ist es nicht schwarz oder weiß, sondern schwarz UND weiß. Die Lektion dahinter ist nicht, das Krokodile ausgerottet werden sollten, sondern das man in Afrika vielleicht nicht zu nahe an ein Gewässer herantritt. Häufig geschehen Fehler durch Unwissenheit und weil die Konsequenzen nicht richtig durchdacht wurden. Sei ein Held mit Köpfchen. Stelle dich deiner Angst, aber tue es mit deinem Verstand. Finde heraus was deine Ängste sind und lerne etwas über diese Dinge. Bilde dich und fang an, neue Erfahrungen zu machen. Komm raus aus deiner Komfortzone und stelle dich dem, was in der Welt auf dich wartet. Sei kein Idiot! Das Leben will gelebt werden! Dein Verstand will genutzt werden! Runter vom Sofa und rein in die Erfahrung!

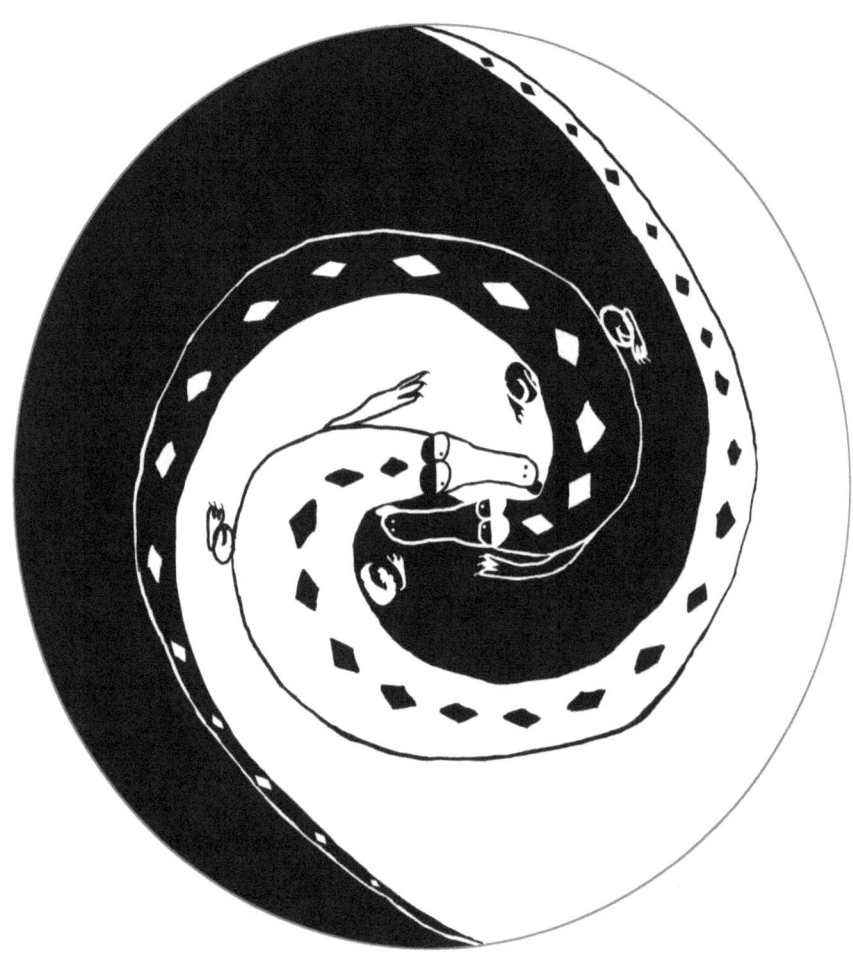

5 - Bevor du anfängst

Sehr geehrte Damen und Herren,

ich heiße sie herzlichst willkommen im sechsten Kapitel dieses Buches. Viele Worte haben deine Augen gestreichelt und sich hoffentlich ihren Weg in deinen Verstand gebahnt. Der zweite Teil dieses Buches wurde mit dem Namen 'Die Säulen der Erkenntnis' versehen, jedoch habe ich bis jetzt kaum ein Wort darüber verloren, wieso dem so ist. Ich werde mich nun bemühen, dies nachzuholen und somit einen Versuch wagen, dieses Kapitel in einen Zusammenhang mit dem restlichen Buch zu stellen.

Wie ich ja bereits das ein oder andere Mal erwähnt habe, basiert das meiste in diesem Buch auf meinen eigenen Erfahrungen. Ich habe demnach eine Art und Weise gefunden, auf welche ich mit meinen Ängsten umgehen kann. Ich habe gelernt, wie ich meine Ängste erkennen und transformieren kann. Wie es dazu kam? Ich wollte mich verändern. Ich war es satt, jemand zu sein, der ständig Angst hat. Ängste sind grundlegend unterschiedlich, jedoch kann man sie alle gleich behandeln und noch dazu auf eigene Faust. Dies habe ich während einiger Monate des Selbsttests, herausgefunden. Ich stellte mich meinen eigenen Ängsten und lernte, diese zu verstehen. Ich war wie besessen von der Frage, was 'Angst' eigentlich ist. Mein Tun und meine Gedanken, waren sehr häufig auf diese Frage gerichtet und ich machte viele wertvolle Erfahrungen. Nun habe ich dir im ersten Teil des Buches, einiges an Wissen vermittelt. Ich habe dir erklärt, was Angst, nach meinem Verständnis ist und verschiedene Ängste aufgezeigt. Außerdem habe ich dir den 'heiligen Gral' der Innenschau gezeigt - die Reflektion - und versucht, an einigen Beispielen zu beschreiben, wie du diese Methode anwenden kannst. Bei den 'Säulen der Erkenntnis' geht es vor allem darum, ins Tun zu kommen. Es geht darum. neue Erfahrungen zu sammeln und aus dir herauszuwachsen. Die Geschichte, die ich in Kapitel 5, als recht kurz gehaltenes Beispiel angebracht habe, sollte als Anregung dienen. Du kannst jetzt den ersten Teil dieses Buches lesen und dich damit zufrieden geben. Viele Menschen kaufen sich irgendwelche Ratgeber und holen sich Rat. Dann hoffen sie, das der Rest von alleine geschieht. „Ich habe ein Buch über Angst gelesen!", kannst du dann herausposaunen. Doch wenn du dich mit deiner Angst konfrontiert siehst, wird dein Umfeld recht schnell merken, das du das Buch NUR gelesen hast. Es reicht nicht, etwas nur zu lesen. Ich kann dir jetzt ein Buch über das Dressieren von Löwen geben und du ließt es dir fleißig durch. Vielleicht machst du dir sogar ein paar hilfreiche Notizen und stellst es dann wieder in dein Regal. Du hast ein Gefühl der Erhabenheit, denn du weißt jetzt, wie man einen Löwen dressieren kann, wohingegen andere Menschen keine Ahnung haben. „Diese Unwissenden!", denkst du dir und schnaubst verächtlich. Dann drückst du deine Brust etwas raus und stolzierst bei deinen Freunden umher, denn du hast schließlich ein Buch gelesen und weißt jetzt, wie man Löwen dressiert. Wenn ein Freund von dir zufällig einen Löwen kaufen würde und er dich bitten würde, diesen für ihn zu dressieren, dann wäre ziemlich schnell klar, das du NUR ein Buch gelesen hast. Du würdest vermutlich in den Käfig steigen, weil du ja vorher große Töne gespuckt hast, das du Löwen dressieren kannst und du würdest gefressen werden oder dir in die Hose machen. Vermutlich eher beides. Du kannst jetzt 'Das Buch der Angst' lesen und genau das gleiche machen. Du kannst dich zufrieden in deinen Sessel plumpsen lassen und denken, es wäre um deine Ängste geschehen, weil du ja jetzt einiges über Angst wissen solltest. Mach ruhig. Ganz ehrlich, mach es doch bitte einfach so und sie zu, wie du Land gewinnst. Wie ich das jetzt meine? Genau so! Nimm deine Beine in die Hand und lauf. Lauf weit weg und komm nie wieder. Doch irgendwann mußt du dich entscheiden, ob du weiter ein Feigling sein möchtest und mit einem Warzenschwein und einem Erdmännchen Insekten ißt, oder ob du mutig sein willst und losziehst, um dein Königreich zurückzuerobern!

Ich sagte dir ja bereits das ein oder andere Mal in diesem Buch, das es sich hier keineswegs um eine Lektüre handelt, die man einfach nur lesen kann. Ein Buch zu lesen und zu meinen, es sei damit getan, hat einen sehr interessanten Effekt. Du trittst auf der Stelle. Du drehst dich im Kreis. Du stehst still. Wer etwas in seinem Leben verändern möchte, der muß bei sich selbst anfangen und die Dinge, die er sich vornimmt, in die Tat umsetzen. Es reicht nicht, ein Buch zu lesen. Wie würdest du jemandem beschreiben, wie es ist, schwimmen zu gehen? Könnte deine Beschreibung ihm das Gefühl geben, das du hattest, als du geschwommen bist? Das altbewährte Beispiel wäre natürlich Sex. Dabei sei mal dahingestellt, ob jeder der dieses Buch ließt, schon einmal Sex gehabt hat. Könntest du jemandem vermitteln, wie es ist, Sex zu haben? Durch Worte oder Bilder? Wohl kaum. Ausschließlich unsere Erfahrungen vermögen uns zu vermitteln, wie sich etwas anfühlt. Denn Erfahrungen geschehen nicht nur mit dem Verstand, sonders wir müssen sie erleben. Wir müssen sie fühlen. Genau darum geht es in dem zweiten Teil. Denn meine Erfahrung sagt mir, das ich meine Erkenntnisse nur dann erhalten habe, wenn ich etwas getan habe. Ich setze mir also ein Ziel. Ich beschäftige mich mit der Thematik und fange an Erfahrungen zu sammeln und dann werde ich beginnen, mich zu verändern. Doch bevor ich jetzt noch weiter auf die Methode eingehe, möchte ich dir einige nützliche Informationen geben, bevor du anfängst ins Tun zu kommen. Es geht nämlich um die Dinge, die dich davon abhalten werden einfach zu machen...

a - Komfortzone Adé

Du bist ein Gefangener deiner Komfortzone. Komfortzone, das wunderbare Wort. Ab nach Hause und auf die Couch. Ein paar Chips, ein Bier und in spätestens 10 Jahren darfst du dich auf einige Kilos zu viel freuen. Gute Aussichten? Für manch einen sicher schon. Für dich vermutlich nicht! Für mich auch nicht.

Wie sage ich also Lebewohl zu meiner Komfortzone und was ist eigentlich eine Komfortzone? Eine Komfortzone wird häufig als eine Art Blase beschrieben. In dieser Blase fühlen wir uns, dem Anschein nach, recht wohl. Es ist der Ort, der uns vermutlich an die Gebärmutter erinnern soll und an dem es uns an nichts fehlen darf. Es ist angenehm warm. Wir sind ausreichend gesättigt. Niemand kann uns stören. Wir können uns also in eine Art Kugel zusammenrollen und alles ist wunderbar. Nun ja, zumindest dem Anschein nach. Wenn ich mir jetzt ein Baby im Mutterbauch vorstelle, dann ist es sehr weich und schwabblig. Es hat rosafarbene Haut und ausreichend Fettpolster. Außerdem hat es wenig Behaarung und es braucht sich niemals zu bewegen. Es wird durch einen Schlauch gefüttert und muß sich also nicht um sein Essen kümmern. Wenn ein Baby sich nun weigern würde, die Gebärmutter zu verlassen, so würde es ständig weiterwachsen. Fressen, wachsen, fressen, wachsen. Ich möchte dieses Bild nicht zu Ende malen, da es sehr unappetitlich und verstörend werden könnte. Es gehört also zum Leben dazu, geboren zu werden und diese Komfortzone zu verlassen. Ich möchte mich hier der englischen Sprache bedienen und das Wort 'comfort zone' einmal nach meinem Verständnis ableiten. Dazu habe ich das Wort so lange wiederholt, bis es seinen erlernten Sinn verloren hat und sich ein neuer präsentieren konnte. Nach meinem (dem Zwecke dienlichen) Verständnis, leitet sich der Begriff 'comfort zone' nämlich wie folgt her: Come-Forth Zone. Es bedeutet so viel wie: 'Komm-Heraus-Zone'. Interessant oder? Probier es selbst aus, wenn du mir nicht glaubst und wiederhole das englische Wort 'comfort' so lange, bis sich der eigentliche Sinn verloren hat. So wie ich es sehe, ist die Komfortzone kein Ort, an dem man bleiben sollte, sondern ein Ort, den man verlassen soll. Kein Baby sollte in der Gebärmutter bleiben, da irgendwann Mutter und Kind gesundheitliche Schäden davontragen würden. Wenn ich mir nun Menschen angucke, welche ihr Leben lang in der Komfortzone stecken, dann sehen sie in etwa aus wie Riesenbabies. Groß, schwabblig und rosafarben. Zudem sehen sie meistens auch sehr ungesund aus und geben mir nicht das Gefühl, an ihrem Lebensstil teilhaben zu wollen. Klingt ganz schon herablassend oder? Finde ich gar nicht. Es ist einfach meine Meinung. Ich persönlich empfinde es nicht als erstrebenswert, unbeweglich zu sein. Auch finde ich es nicht als erstrebenswert, schwer zu atmen wenn ich Treppen steige, oder Angst zu haben das Haus zu verlassen. Ich weiß wie ich mich fühle, wenn ich tagelang auf der Couch zugebracht habe, mich ungesund ernährt habe und viel Fernsehen geguckt habe. Ich kenne diesen Zustand bereits, denn er war lange Zeit meines Lebens eine Routine. Zugegeben nicht so extrem wie es hätte sein können, aber ich habe immer wieder unter Depressionen gelitten. Das Schlimme ist, das wenn man es sich einmal in seiner Komfortzone gemütlich gemacht hat, es sehr schwierig ist, wieder aus ihr herauszukommen. Wie die Made im Speck. Nur bleibt die Made nicht ihr Leben lang im Speck. Keinesfalls.

Eines lieblichen Tages spreizt die Made als Fliege ihre Flügel und fliegt auf einen Kothaufen, oder sie setzt sich auf ein Pferdeauge und trinkt sich satt. Vielleicht ist das kein sehr appetitlicher Vergleich, der dich anspornen wird, deine Komfortzone zu verlassen. Doch vielleicht kann ich dir das Fliegenleben etwas schmackhafter machen: Die Made kennt nur den Speck. Sie sitzt im Speck und ißt, ißt, ißt. Wenn sie nicht irgendwann zur Fliege wird, dann wird sie vermutlich platzen, oder der Speck wird zur Neige gehen und sie wird letzten Endes verhungern. Als Fliege kann sie nun ihre Flügel spreizen und die Welt entdecken. Für eine Fliege ist ein Kothaufen vielleicht das, was für dich eine Skipiste ist. Ein Pferdeauge ist vielleicht das, was für uns der Kilimandscharo ist. Sie macht Erfahrungen und bekommt etwas zu sehen. Als Made wird sie vielleicht den Rest ihres Lebens in einer Mülltonne verbringen, wohingegen sie als Fliege, so viel mehr sehen kann.

So in etwa verhält es sich mit uns Menschen. Bleibst du in deinem Larvenstadium und in deiner Komfortzone, dann wirst du immer saftiger und immer runder werden. Du wirst schwabblig sein und aussehen wie ein Riesenbaby. Würde man dich jetzt in eine Gefahrensituation bringen, dann würdest du dich ausgiebig beschweren und vermutlich frühzeitig das Zeitliche segnen. Wieso? Weil du nie gelernt hast zu kämpfen. Alles was du kennst, ist der Komfort. Du bist niemals 'aus dir herausgekommen'. Im Grunde hättest du als Spermium jemand anderen den Vortritt lassen können, welcher das Leben vielleicht mehr zu schätzen weiß als du. Natürlich bin ich mir bewußt, das ich gerade etwas übertreibe. Dennoch finde ich es sehr zutreffend, es genau so zu beschreiben. Ich habe irgendwann einmal begonnen, mich aus meiner Komfortzone zu befreien. Es fing mit ganz einfach Dingen an, wie zum Beispiel eine Brille tragen, die etwas auffälliger war. Wieso tat ich das damals? Weil ich keine Lust mehr hatte, mich zu verstecken. Ich hatte es satt, so schüchtern zu sein und rot zu werden, wenn ich mit Frauen sprechen wollte. Ich wollte Erfahrungen machen und ich wollte keine Angst mehr haben. Zahlreiche, mehrtägige Wanderungen im Wald haben mir gezeigt, das wenn man einmal anfängt seine Komfortzone zu verlassen, man am liebsten gleich wieder zurück möchte. Beispielsweise habe ich einmal mit einem Freund eine 6-tägige Wanderung im Bayerischen Wald gemacht. Das ganze fing schon ganz gut an:

Als wir, vollgepackt mit Ausrüstung, den Bus, irgendwo im Nirgend-
wo, verlassen hatten, fragte uns der Busfahrer in einem sehr starken,
bayerischen Dialekt: „Ihr wißts scho, das es so pfui' Schnee geben
soll?"und deutete mit seinen Händen an, das es wohl mehr als 40cm
schneien würde. Wir antworteten darauf, das wir genug Ausrüstung
dabei hatten. Dazu kam noch, das wir Barfuß waren. Daraufhin sagte
der Busfahrer: „Lauder Verrückte!", schüttelte ungläubig seinen Kopf,
schloß die Türen und fuhr davon. So begann also dieser herrliche
Ausflug. Innerhalb von 5 Tagen hatten wir Regen, Schnee und Sonne.
Natürlich wollten wir Gepäck sparen und hatten nur ein Tarp dabei
(Zeltplane), was den Vorteil hat, das es weniger wiegt, aber den Nach-
teil, das man bei schlechtem Wetter, stärker den Umwelteinflüssen
ausgesetzt ist. Bitte nagel mich nicht auf den zeitlichen Ablauf fest,
aber so in etwa trug es sich zu: Tag 1-2 hatten wir ausschließlich
Regen. Tag 3-4 eine Menge Schnee. Wir waren durchnäßt und teilweise
schlecht gelaunt. Da wir uns vorgenommen hatten, Feuer so natürlich
wie möglich zu machen, hatten wir keine Anzünder dabei oder sonstige Brandbeschleuniger. Dies hatte zur Folge, das wir nach einigen
Kilometern mit 20 kg Gepäck, abends noch 2 Stunden mit dem Feuer-
machen zubrachten. Unsere Laune war teilweise sehr grenzwertig und
ich träumte die ganze Zeit nur von meinem trockenen Bett. Ich fragte
mich auch ständig, wieso ich mich immer wieder auf so etwas einlasse,
anstatt einfach zu hause zu bleiben? Am 5. Tag klärte der Himmel
dann doch noch auf. Die 4 Tage zuvor, kamen mir vor wie 3 Wochen,
doch als auf einmal der Himmel blau war und die Sonne durchkam,
war all das vergessen. Wir marschierten wesentlich motivierter weiter
und entschieden uns dann kurzerhand, die letzte Nacht nicht allzu weit
von einer Bushaltestelle zu verbringen und zu kampieren. Wir schlugen
also unser Lager auf, spielten im T-Shirt Frisbee und schnitzten eifrig.
Das Leben hätte nicht süßer sein können. Der einzige Grund, wieso
wir das schöne Wetter so sehr genießen konnten, war einzig und alleine
der Tatsache geschuldet, das wir zuvor 4 Tage miesepetriges Wetter
hatten. Wir freuten uns so sehr über dieses herrliche Wetter, wie selten
zuvor, denn wir hatten es uns verdient. Ich habe diese Wanderung als
sehr positiv in Erinnerung und wir haben noch häufig darüber gelacht.
Auch habe ich einiges gelernt. Zum Beispiel, das 4 Tage Regen und

Schnee einen nicht um die Ecke bringen und wie man kein Feuer macht, wenn es feucht ist. Tatsächlich glaube ich, das man wesentlich besser dazulernt, wenn es mal schwierig ist und man so richtig aus seiner Komfortzone geholt wird.

Ähnlich verhält es sich doch mit Winter- oder Herbstspaziergängen. Wenn draußen alles ungemütlich und kalt ist, dann schmeckt der Tee, der Kaffee oder der Kuchen umso besser, wenn man wieder in die warme Wohnung kommt. Wie gut fühlt sich eine Dusche an, wenn man gerade 2 Tage auf Flughäfen verbracht hat? Wenn wir eine gewisse Zeit auf unsere Komfortgüter verzichten oder uns aus unserer Komfortzone begeben, dann können wir einiges lernen. Jedoch nur, wenn wir aufhören, uns ständig zu beschweren. Auch das 'sich beschweren' sollte man reflektieren. Wenn du mitten im Wald bist und kein Ende in Sicht ist, dann kannst du eifrig herumheulen und dich am laufenden Band beschweren. Oder, du nimmst die Situation so wie sie ist und versuchst die Sache positiv zu sehen. Es könnte schließlich immer schlimmer sein. Zum Beispiel kannst du froh sein, überhaupt etwas zu essen zu haben, oder nicht irgendwo festzustecken, wo hinter jedem Busch ein Löwe lauern könnte. Wo auch immer du bist und was auch immer du durchlebst, es könnte noch schlimmer kommen. Denn wenn du es schaffst, den Sturm zu überstehen, ohne den Mut zu verlieren, dann erwartet dich häufig ein wenig Sonnenschein und die Gewißheit, das du dein bestes gegeben hast.

b - Energiesauger

Was hält einen Wohl am meisten davon ab, das zu tun, was man eigentlich tun möchte? All diejenigen Dinge, die Energie kosten und die einen förmlich aussaugen. Es gibt wirklich vieles, was einem die Energie rauben kann. Einige wertvolle Beispiele werde ich auf den folgenden Seiten anbringen, jedoch bei weitem nicht alles. Auch hier berufe ich mich auf meine eigenen Erfahrungen und möchte dir lediglich zeigen, was dir bisher nicht bewußt war. Denn im Leben der meisten Menschen, die ich kenne und auch in meinem eigenen, gibt es Energiesauger, welche ich gelernt habe, zu erkennen. Dies können Menschen, Nahrungsmittel,

Konsumgüter oder Verhaltensweisen sein. Wie immer, möchte ich dich bitten, dein eigenes Leben zu betrachten und zu reflektieren, was dich unnötig viel Energie kostet. Wer oder was verlangt unglaublich viel Zeit und Aufmerksamkeit von dir, gibt dir im Grunde aber nichts zurück? Hier gilt es eine Art Bilanz zu ziehen und sich zu fragen, was man im Leben erreichen möchte. „Was möchte ich heute erreichen?" „Habe ich mein Ziel erreicht?" „Warum habe ich mein Ziel nicht erreicht?" „Was hat mich davon abgehalten bis zum/ am heutigen Tage meine Ziele zu erreichen?"

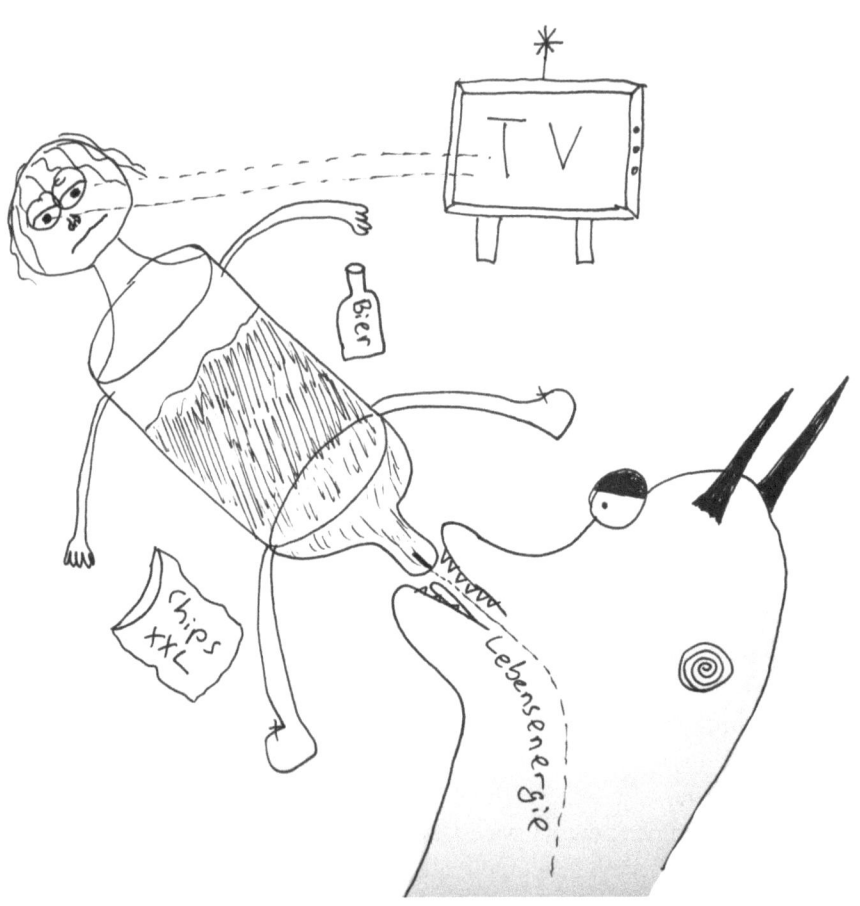

Pornographie

Als Mann gibt es ein Thema, das mir sehr am Herzen liegt, denn es wird wenig darüber gesprochen. Alle tun es, aber keiner redet wirklich über die Konsequenzen, die jahrelanger Porno-Konsum hat. „Das ist normal für Männer und Jungs!", sind gängige Aussagen, welche einmal mehr zeigen, wie apathisch wir mit den Folgen unseres Handelns umgehen. Regt man sich lautstark über gewisse Themen auf, vor denen die meisten Menschen ihre Augen verschließen, so heißt es, man sei dramatisch. Ist es nicht dramatisch, das die erste Liebe der meisten heranwachsenden Männer, Hardcore-Pornos sind? Jeder Mensch, der schon einmal liebevollen Sex hatte, weiß das diese Streifen nichts mit der Realität zu tun haben und doch ist es eine wachsende Industrie. Ich persönlich finde es erschreckend und es hat mich 16 Jahre gekostet, bis ich einen Zugang, zu der Wurzel des Problems bekommen habe. Natürlich habe ich es die ersten 10 Jahre kaum in Frage gestellt. Lediglich die Reflektion und Spiritualität und der Glaube an eine bessere Welt, haben mir gezeigt, wie ekelhaft Pornographie eigentlich ist. Niemand ist vor laufender Kamera er selbst, da wir zu sehr damit beschäftigt sind, das Publikum glücklich zu machen. Demnach ist es unmöglich, etwas heiliges wie die Vereinigung von Mann und Frau, vor laufender Kamera zu filmen, geschweige denn die ethische Problematik solchen Handelns. Die Welt weiß um dieses Geschehen, jedoch tut sie nichts. Wir sind besonders gut darin geworden einfach nur zuzusehen. „Das geht mich nichts an!". „Soll doch jeder machen was er meint!". Solche Leitsätze bezeichnen für mich einen Egozentriker. Jemanden der sich ausschließlich um sich selbst kümmert. Bevor ich mich in endlosen Ausschweifungen echauffiere, leite ich lieber schnell zu dem eigentlichen Thema über, denn die Egozentrik ist sehr hilfreich für meine Argumentation. Wie auch immer der Begriff der Masturbation entstanden ist, eines ist klar: Jeder weiß, was gemeint ist. Selbstbefriedigung. So, damit wären wir auch bei der Egozentrik. Pornographie macht uns zu Egoisten, denn wir sind ausschließlich mit unserer eigenen Befriedigung beschäftigt. „MEINE BEDÜRFNISSE!". „ICH, ICH, ICH, ICH!". Schade, dabei dachte ich, es geht eigentlich um etwas Gemeinsames. Liebe, SEX, Lust. Dies alles sind Dinge, die man ausschließlich in einer romantischen Beziehung mit einem Liebespartner auskosten kann. Niemand, der jemals eine wunderbare sexuelle Erfahrung gehabt hat, wird sich selbst bevorzugen - so glaube ich. Demnach ist Pornographie eine Projektion unserer sexuell verkümmerten Gesellschaft. In keiner gesunden Umgebung sehe ich einen Grund, wieso so etwas wie Pornographie existieren sollte. Denn Pornographie ist vor allem eines. Unpassend. Zudem ist es oberflächlich und geschmacklos. Vor allem jedoch ist es ein Energieräuber. Männer, wie ich es einer bin, stecken voller Potential, jedoch verschießen sie all ihre Kraft und Energie mit einer Handbewegung. Nicht etwa, weil sie sonst nichts besseres zu tun haben, sondern weil ihnen nie gezeigt wurde, wie sie dem widerstehen können. Als jugendlicher gilt man als komisch, wenn man nicht masturbiert und Pornos guckt. Jedoch sind es eben die Schwachen unter uns, welche dem Sog dieser Bilder erlegen sind und hat man einmal damit angefangen, ist es sehr schwierig damit aufzuhören. Ich frage mich gerade, wieso ich überhaupt einen so langen Abschnitt über dieses Thema schreibe, wobei es in diesem Buch doch eigentlich um Angst gehen soll? Habe ich mich bei einem Anfall der Ungeduld erwischt?

In diesem Kapitel geht es um negative Energie. Je mehr ein Mensch sich den negativen Energien aussetzt, desto mehr wird er nach unten gezogen. Masturbation und Pornographie sind sehr negativ. Zum einen sind die Bilder und Inhalte auf pornographischen Seiten krankhaft und ekelhaft, was in meinen Augen negativ ist. Zum anderen ist Masturbation ein Ausleiter von Energie. Ich verwende gezielt diese Bezeichnung, denn zumindest auf biologischer Ebene, können wir hier übereinstimmen. Um Spermien zu erzeugen, bedarf es dem Körper einer enormen Menge an Ressourcen. Wenn ich jeden Tag Hand anlege heißt das, das mein Körper ständig Energie aufwenden muß, um neue Spermien zu produzieren. Gehen wir noch etwas weiter und betrachten diesen Sachverhalt aus der spirituellen Perspektive: Energetisch betrachtet ist der Samen des Mannes Lebensenergie. Wenn wir jetzt noch mit Begriffen wie Kundalini um uns werfen, ergibt sich etwas recht interessantes, was viele erfolgreiche Männer direkt oder indirekt für sich entdeckt haben. Die Kundalini-Energie tritt an dem unteren Ende der Wirbelsäule, im sogenannten Wurzelchakra, ein. Von dort fließt sie im besten falle durch die folgenden Hauptchakren. Sobald sie in das Kronenchakra eingetreten ist, verbindet sie uns mit der göttlichen Kraft. Ein Fluß entsteht und wenn ein Fluß fließt, ist das gut. Wasser wird zum Meer transportiert und alle sind glücklich, denn entlang des Flußlaufes, werden alle Landschaften und Dörfer ausreichend und gleichmäßig mit Leben spendendem Wasser versorgt. Ähnlich ist es mit der Energie. Jeder hat sicherlich schon einmal von einem der größten Hersteller von Cornflakes gehört und wie dieser das Wasser in manchen armen Gegenden kontrolliert. Was ich damit sagen möchte ist: Unterbindet man den Fluß von Wasser oder Energie, indem man sie versickern läßt, entsteht eine Wüste. In diesem Zusammenhang würde die Energie vermutlich in einem Taschentuch, einem Kondom, der Toilette oder dem Innern einer anderen Person versickern. So entsteht in uns eine Leere, welche erklären würde, wieso viele Männer nach dem Sex sehr müde sind und schlafen wollen. Praktiziert man dies über einen erweiterten Zeitraum und läßt es zu einer Gewohnheit werden, entsteht in uns eine Wüßte, in der nichts mehr wachsen kann. Das Paradies/ der Garten Eden verdorrt und somit versiegt die Quelle unserer Kreativität. An dieser Stelle zuckt mein innerer Kontrolleur und verlangt nach einer Quellenangabe. Jedoch werde ich Stärke zeigen und einfach auf bereits bestehende Literatur zum Thema sexuelle Energie und dem männlichen Orgasmus verweisen. Eine schnelle bis ausgiebige Suche im Internet, liefert hier hervorragende Resultate. Eines ist jedoch klar: Wer glaubt, das ein Mann beim Orgasmus einen Samenerguß haben muß, ist glücklicherweise im Irrtum. In diesem Sinne möchte ich noch einmal auf die Relevanz der Themen Pornographie, Masturbation und Sexualität für unsere Ängste eingehen:

Wann immer wir uns in einem niedrigen Energielevel befinden oder einfacher ausgedrückt, schlapp sind, fühlen wir uns angreifbar. Oft sind wir müde, haben keine Motivation oder malen uns ein sehr einseitiges und negativ geprägtes Weltbild. Dann wiederum durchleben wir Zeiten, in denen es uns gut geht und alles recht positiv zu sein scheint. Wir leben in einem ständigen Auf und Ab. Verbindet man nun die einzelnen Punkte, kann man zu einem sehr ergiebigem und spannenden Schluß kommen: Je mehr Ressourcen/ Energie wir haben, desto einfacher ist es, positiv zu sein. Wir schwingen demnach auf einem höheren Niveau (spirituell ausgedrückt). Gehen wir unachtsam mit unseren Ressourcen und unserer Energie um, fällt es uns leicht, negative Gedanken zu hegen. Wir schwingen auf einem niedrigen Niveau (spirituell ausgedrückt). Demnach kann unser Energiehaushalt einen starken Einfluß auf unsere psychische/ emotionale Verfassung haben. Was will ich dir damit sagen? Wenn du ein Mann bist, hör auf zu masturbieren und lerne diese Energie sinnvoll zu nutzen. Wie? Dir gefällt mein Vorschlag nicht? Du magst dieses Buch plötzlich nicht mehr? Ja dann schmeiß es doch weg und mach einfach so weiter wie bisher. Dieses Buch bietet dir eine Gelegenheit dein Leben grundlegend auf den Kopf zu stellen und zu harmonisieren. Wenn du nicht bereit bist Veränderungen vorzunehmen, dann frage ich mich ernsthaft wieso du dein Geld so schlecht investiert hast? Vielleicht hast du dich ja von dem Äußeren blenden lassen und nicht damit gerechnet hier aktiv mitmachen zu müssen. Na ja, nach wie vor kannst du ja schließlich all das Geschriebene in diesem Buch, als einen gut gemeinten Roman oder vielleicht auch eine Ballade betrachten und dich von meinen Ausschweifungen zum Lachen bringen lassen. Übrigens: Lachen kannst und darfst du auch, wenn du dem geschriebenen Wort Beachtung schenkst und anfängst kreativ zu werden, statt unkreativ deinen Tennisarm zu trainieren. Friede sei mit Dir.

Ernährung

Rundbrief an die Menschheit.

Liebe Mitbürger und Mitbürgerinnen,

in diesem Schreiben möchte ich Sie, auf gefährliche Substanzen hinweisen, welche sich in vielen der heute gängigen Konsumgüter befinden. Wir möchten uns zudem, im Namen der Bundesregierung, dafür entschuldigen, das wir unsere Bürger erst jetzt darauf hinweisen, wie schädigend der regelmäßige Verzehr solcher Stoffe ist. Bis zum heutigen Tage haben wir es versäumt, sie darüber zu informieren, welchen Schaden Alkohol im Körper anrichtet. Sicher ist es für Sie kein Geheimnis, das die Alkohol-Lobby einen beträchtlichen Beitrag zu diesem Umstand geleistet hat. Jedes Wochenende wurden in ganz Deutschland exzessive Parties gefeiert, in denen es gang und gebe war, Alkohol in geraumen Mengen auszuschenken. Wir haben sie fälschlicherweise in dem Glauben gelassen, das Alkohol weitaus weniger schädlich sei, als Cannabis oder andere Drogen. Dies möchten wir an dieser Stelle korrigieren. Alkohol zählt nämlich zu den größten Problemdrogen in unserem Land und ist dafür verantwortlich, das ein Großteil der Bevölkerung, nicht in der Lage ist ihren Lebensstandard zu verbessern. Wir sehen uns dazu verpflichtet, nachträglich unser Bedauern über dieses Versäumen auszudrücken und fortan bessere Aufklärungsarbeit über Alkohol zu leisten. Wir sind schockiert über unser mangelndes Verantwortungsbewußtsein, da es doch eigentlich bei der Regierung liegen sollte, im besten Interesse seiner Bürger zu handeln. Des weiteren möchten wir Sie bitten, auf den Verzehr jedweder Fast-Food Lebensmittel zu verzichten. Diese sind voll von Geschmacksverstärkern und nicht klassifizierten Stoffen, welche bis zum heutigen Tage, ungeklärte Auswirkungen auf den Körper haben. Auch hier haben wir Sie lange Zeit im Stich gelassen. Um den Übergang zu vereinfachen, werden wir fortan Ernährungskunde als Schulfach einführen, in welchem unsere Kinder lernen werden, wie man sich bewußt und achtsam ernähren kann. Außerdem wird es ein Förderungsprogramm geben, welches jedem Bürger ermöglicht, eine kostenlose Ausbildung zum Ernährungsberater zu machen und Kochkurse zu besuchen. Damit hoffen wir ein größeres Bewußtsein für Ernährung in der Bevölkerung zu schaffen und somit, die heutzutage gängigen Zivilisationskrankheiten einzudämmen. Uns ist schon seit längerem bekannt, das Krankheiten wie Diabetes (Typ 1 und 2), Morbus Crohn, Gicht, Alzheimer, Demenz, Fettleibigkeit und Krebs durch eine falsche Ernährung sehr stark gefördert und in den meisten Fällen verursacht werden. Medikamente beheben zwar die Symptome, haben jedoch häufig schwerwiegende Nebenwirkungen und müssen ein Leben lang eingenommen werden. Eine Ernährungsumstellung hingegen, vermag diese Krankheiten häufig vollständig zu heilen. Die starke Nutzung von Pestiziden und diversen anderen giftigen Substanzen in der Lebensmittelindustrie, hat verheerende Auswirkungen auf den Körper und das seelische Wohlbefinden und wird in den nächsten Wochen starken Änderungen unterzogen. Grundsätzlich bitten wir Sie, unsere kostenlosen Kontaktstellen zu nutzen und sich über gängige Entgiftungsmethoden informieren zu lassen. Selbstverständlich werden wir sie auch kostenlos vor Ort betreuen. Schlußendlich möchten wir Sie noch einmal auf die negativen Folgen von genmanipulierten Erzeugnissen, sowie Gluten hinweisen und Ihnen raten, diese nicht mehr zu sich zu nehmen. Stück für Stück werden alle Gesundheitsschädlichen Erzeugnisse aus dem Verkehr gezogen, um die Bürger, vor ihrem hohem Sucht-/ und Schadpotential zu schützen.

Wir entschuldigen uns noch einmal dafür, das wir es bis zum heutigen Tage nicht geschafft haben die Gesundheit unserer Bürger als oberste Priorität zu sehen. Doch jedes Versäumnis kann nachgeholt werden. Dies gedenken wir nun zu tun, um endlich dafür zu sorgen das wir gemeinsam für eine bessere Zukunft arbeiten werden. Um Ihnen zu beweisen´ das dies nicht wieder nur leere Worte sind, werden wir stark an der Umsetzung dieser Ziele arbeiten um endlich zu einem Land zu werden, das mehr Wert auf Taten und Erfolge legt als auf Debatten und 'schöne' Worte.

Mit freundlichen Grüßen,

die Regierung.

Damit die Bürger so einen Brief erhalten würden, müßten Politiker vermutlich Jahrelang irgendwelche 'Experten' konsultieren. Natürlich nur die Experten, die das sagen, was ihnen die Regierung erlaubt. Wo kommen wir denn hin, wenn Meinungsfreiheit mehr als eine Floskel ist?

p.s. Kaffee, Zigaretten und Zucker geben dir vielleicht kurzzeitig ein Hochgefühl, langfristig saugen sie dich jedoch aus! Die Grafik zu beginn dieses Abschnittes über Ernährung stellt dies recht anschaulich dar. Leider war es mir aus mangelnder Motivation vergönnt, eine Kaffeetasse, eine Zigarette und eine 1 kg Packung Zucker hinzuzufügen, aber ich denke an dieser Stelle ist es ähnlich effizient.

p.p.s. Organisation scheint alles zu sein, wie ich diesem zweiten Nachtrag entnehmen kann. Ein Teil von mir ist unschlüssig, ob ich das bisher Geschriebene noch einmal überarbeiten soll, oder ob ich einfach fleißig post scriptums hinzufüge p.p.p.s. hier stellt sich die Frage ob die Mehrzahl von post scriptum tatsächlich post scriptums ist?

p.p.p.p.s. wie du siehst, habe ich mich für Variante zwei entschieden. Demnach folgt nun das was ich eigentlich sagen wollte. Es gibt Nahrungsmittel und Konsumgüter welche offiziell, für das Einführen in den Körper geeignet sind. Manches davon ist sehr fragwürdig für unsere Gesundheit. Zigaretten beispielsweise, sind zum Verkauf freigegeben, wobei bereits ein einziger Zug einem Selbstmordversuch gleichkommt. Zigaretten, Kaffee, Zucker und diverse andere aufputschende Mittelchen heben unser Bewußtsein für einen kurzen Augenblick in höhere Sphären. Sie geben uns einen Kick, der es uns ermöglicht, für einen begrenzten Zeitraum in einem Hochgefühl zu verweilen. Das Problem ist allerdings, das dies ähnlich wie mit einer Rakete funktioniert. Wir werden nach oben katapultiert. Doch wie werden wir nach oben katapultiert? Durch unseren eigenen Treibstoff, unsere Lebensenergie. Ähnlich wie bei der Masturbation erleben wir einen Zustand, welcher dem Orgasmus sehr nahe kommt und ebenso fallen wir danach stark ab. Wir klatschen also ohne Fallschirm wieder auf den Boden. Wenn du jeden Tag Kaffee trinkst, heizt du dein inneres Feuer sehr stark an und verpulverst dazu in kürzester Zeit deine Energiereserven. Stell dir vor, du hast einen Stapel Holz, der dich durch den Winter bringen soll. Benutzt du das Holz sparsam und in dem Maße, in dem du es benötigst, so wird es dir lange erhalten bleiben. Kippst du jedoch mehrmals täglich Benzin oder andere Brandbeschleuniger auf das Feuer, wird das Holz schneller verbrennen und du wirst eine übertriebene Hitze erhalten, welche völlig unverhältnismäßig ist. Somit betrügst du dich selber, denn anfangs wirst du vermutlich sehr schwitzen, doch schlußendlich wirst du zum Ende des Winters hin, stark frieren müssen. Denn das Holz ist dir leider ausgegangen. So verhält es sich mit Brandbeschleunigern wie Zucker, Kaffee, Zigaretten und so weiter und so fort. Vielleicht hast du das Gefühl ausgelaugt zu sein? Also routinemäßig ein Kaffee getrunken oder eine Ladung Zucker in Form von Schokolade oder ähnlichem? Dein System läuft kurzzeitig auf Hochtouren, doch am Ende des Tages bist du so ausgebrannt (sehr sinngemäß, dieses Wort an dieser Stelle zu verwenden), das du nur noch vor den Fernseher möchtest oder am besten direkt ins Bett. Was genau ist die Botschaft?

100

Höre damit auf, dich auf Brandbeschleuniger zu verlassen. Statt dich
selbst weiter anzufeuern, wäre es angebracht, an dieser Stelle eine halbe
Stunde zu schlafen, um deine Reserven wieder aufzutanken. Macht dir
dein Gewissen oder dein Chef deswegen Probleme, sage ihnen einfach,
das du nicht mehr dazu bereit bist, über deine Kapazitäten zu arbeiten.
Wie du den beiden das verklickerst, überlasse ich dir. Ich möchte dieses
Buch lediglich mit dem Bewußtsein abschließen, das ich dich darüber
informiert habe. Den Rest überlasse ich dir und deinem gesunden
Menschenverstand, beziehungsweise deiner Beobachtungsgabe.

Grenzkontrolle

Reden - Schweigen

Wichtig, wichtig, sehr sehr wichtig! Etwas, das ich in meinem Leben
gelernt habe ist, das manche Menschen sehr viel Aufmerksamkeit brauchen. Manchmal sind es alte Freunde, manchmal sind es neue Freunde
und dann wiederum ist es die Familie. Neben Menschen, die einen
Großteil unseres Lebens einnehmen, gibt es auch noch flüchtige Bekannte oder Menschen, die man zufällig auf der Straße trifft. Häufig ist
alles in Ordnung, solange wir so bleiben wie wir sind. Wir schnacken
ein bißchen über das Wetter oder wir haben einen Freund, mit dem wir
uns liebend gerne über Probleme auslassen. Solange alles beim Alten
bleibt, gibt es auch keinen Grund solche Aktivitäten zu unterlassen.
Jedoch ist der Sinn und Zweck dieses Buches, eine Veränderung her-
beizuführen und das bedeutet, das wir uns Freiraum schaffen müssen.
Natürlich ist dies kein Zwang. Ich stelle dir hier lediglich die Art und
Weise vor, auf die ich es gemacht habe. Natürlich bin ich mir bewußt
darüber, das ich niemandem sagen kann, das er seine Freunde an
den Nagel hängen, oder das er mit niemandem auf der Straße mehr
sprechen sollte. Der Sinn und Zweck dieses Abschnitts ist es, ein Bewußtsein für die Menschen in unserer Umgebung zu schaffen und dafür,
wieviel Zeit sie in Anspruch nehmen. Ich persönlich, habe mir selbst
immer wieder bewiesen, das ich sehr drastisch sein kann. Ich habe
ab einem bestimmten Punkt gelernt, sehr intensiv Grenzen zu setzen.
Der Grund, warum ich das tun mußte, war natürlich meiner eigenen

Nachlässigkeit bei der Grenzkontrolle zu schulden. Viele Menschen in meinem Leben, hatten bei zahlreichen Gelegenheiten die Möglichkeit, Grenzen zu überschreiten. Ich merkte es nicht mal. Manchmal waren es blöde Kommentare oder die Art, wie sie mich behandelten. Ich merkte bald, das ich Menschen mit Respekt behandeln möchte und das ich deshalb erwarten kann, ebenfalls mit Respekt behandelt zu werden. Also habe ich angefangen genauer hinzuhören und hinzuschauen. Welche Menschen in meiner Umgebung sind wirklich und wahrhaftig meine Freunde? Wem kann ich vertrauen und wer hängt an mir, wie eine Klette? Welche Freundschaften halten mich davon ab, mein volles Potential zu entfalten und erlauben mir, mich zu verändern? Welche Freundschaften kommen mit meiner Veränderung nicht zurecht und wehren sich vehement dagegen? Der erste Freund, dem ich den Kontakt kündigte, war eine mehrjährige Studienfreundschaft. Wir hatten viele schöne Momente zusammen erlebt und ich sah ihn für lange Zeit als meinen besten Freund an. Jedoch kam eine Zeit in meinem Leben, wo ich mich stark veränderte und Raum brauchte, um mich selbst zu entfalten. Ich merkte, das unsere Gespräche häufig in Diskussionen endeten, da ich die Welt plötzlich in Frage stellte, er jedoch an vielen gemeingültigen Meinungen festhielt. Jede Veränderung braucht Zeit. Vor allem braucht eines Zeit: Innenschau. Ich persönlich hatte häufig keine Lust mich mit anderen Menschen zu treffen, weil ich sehr mit mir selbst beschäftigt war. Als der besagte Freund mich eines Tages anrief und wir ein Gespräch begangen, merkte ich, das ich gar keine Lust mehr hatte, mit ihm zu telefonieren. Ich war diesen Gesprächen überdrüssig und ich wollte mich auch nicht mehr mit ihm treffen. Also entschloß ich spontan, in diesem Moment, den Kontakt abzubrechen. Zufälligerweise brach das Gespräch ab und ich schrieb ihm daraufhin per SMS, das ich keinen Kontakt mehr möchte und das er das bitte respektieren möge. Vielleicht nicht die eleganteste Lösung, aber es war in diesem Moment absolut notwendig. Ich hatte das Gefühl, er verstand einfach nicht wie ich mich fühlte und was ich gerade durchmachte. Ich versuchte mit ihm über diese Dinge zu sprechen, doch ich traf nur auf Gegenwind. Demnach war für mich dieser Entschluß notwendig und auch sehr befreiend. Trotzdem war es nicht leicht, einem mehrjährigen Freund dem ich vertraute, den Kontakt zu kündigen. Ich wußte selbst nicht genau, wieso es so wichtig war, doch verstehe ich es heute. Freunde halten oft an den Personen fest, die sie kannten. Doch wenn du beginnst, dich zu verändern, bist du nicht mehr die Person, die du einst warst. Du bist ein anderer Mensch geworden oder wirst es noch und dazu braucht man viel Freiraum. Deine Grenzen sind dabei sich zu erweitern und du bist damit beschäftigt, dich selber neu kennenzulernen. Sich seinen eigenen Ängsten zu stellen bedeutet, nach vorne zu schreiten, wohingegen manche Menschen ständig in der Vergangenheit leben. Sie reden immer davon, das die beste Zeit ihres Lebens in ihrer Jugend war oder das früher alles besser war. Ich hatte mich dazu entschieden, solchen Menschen weniger Raum in meinem Leben zu geben. Ich begann also, meine eigenen Grenzen abzulaufen und zu schauen, wen ich weiterhin in meinem Bereich haben wollte. Auch begann ich sehr empfindlich zu reagieren, wenn ich meine Meinung nicht frei äußern konnte. Freunde die mit meiner Sicht der Dinge nicht klarkamen, zogen sich sehr schnell aus meinem Leben zurück. Ich fing an zu sagen was ich denke und die Fassade meiner 'sogenannten' Freunde fing an zu bröckeln und der Kontakt verstummte. Natürlich denke ich ab und zu noch an sie, aber dann denke ich an die oberflächlichen Gespräche, die wir haben würden und den Alkohol oder das ungesunde Essen und ich war weniger traurig darüber. Ich wußte, warum ich diese Entscheidung getroffen hatte. Ich entschied mich für meinen persönlichen Weg und jeder der meinen Zielen im Weg stand, hatte keinen Platz in meinem Leben mehr. Klingt ziemlich drastisch oder? Ja das war es und wie gesagt, manche Situationen hätte ich sicherlich eleganter lösen können. Doch lernt jeder Mensch auf seine eigene Weise und in seiner eigenen Geschwindigkeit.

Dazu kommt das Gesetz der Anziehung (Law of Attraction): Das was du aussendest, ziehst du auch an. Wenn du eine Person verkörperst, die geschmacklos ist und ständig anzügliche Witze macht, dann wirst du auch ähnliche Personen anziehen. Wenn du eine Person bist, die bedürftig ist und andere braucht, um glücklich zu sein, dann wirst du auch solche Menschen in dein Leben ziehen. Auch das wurde mir in den letzten Monaten immer stärker vor Augen geführt. Ich begann zu erkennen, das ich Menschen in mein Leben zog, die ich dort nicht mehr haben wollte. Ich bezeichne sie zuweilen als 'Zecken' oder 'Energievampire', da sie von der Energie anderer Leben. Nachdem ich bereits ein gutes Stück auf meinem Weg, im Kampf gegen die Angst, gekommen war, strahlte ich eine gewisse Selbstsicherheit aus. Ich bewegte mich freier in der Gesellschaft und ich war sehr offen und freundlich zu Menschen denen ich auf der Straße begegnete. Ich machte es meinem Umfeld also sehr leicht, in Kontakt mit mir zu treten. Ich lief mit einem Lächeln durch die Straßen und grüßte jeden der mir entgegenkam. Eine Zeit lang brachte mich das voran, da ich aus meiner Komfortzone herauskommen mußte. Egal wie es mir selber gerade ging, ich lächelte jeden Menschen und und grüßte freundlich. Doch ab einem gewissen Punkt merkte ich, das mir dieses Verhalten nicht mehr half, sondern mich zurückhielt. Ich grüßte Obdachlose und führte Gespräche mit ihnen, weil ich der Meinung war, das jeder Mensch meine Aufmerksamkeit und Hilfe verdient hatte. Ich redete mit vielen Menschen, die von sich aus, niemals mit mir gesprochen hätten. Ich sagte bereits, das ich es den Menschen sehr einfach machte, in Kontakt mit mir zu treten, weil ich aktiv auf sie zuging.

Dieses Verhalten legte ich bald ab, da ich bemerkte das es mich unheimlich viel Kraft, Laune und Energie kostete, mich mit Obdachlosen zu beschäftigen. Du kannst niemandem helfen, der keine Hilfe möchte. Also hilf dir selbst! Ich war mein Leben lang besonders gut darin, anderen zu helfen und mich selber zu vernachlässigen. Ich mißachtete meine eigenen Bedürfnisse und erfüllte die Bedürfnisse von X-beliebigen Menschen. Ich verliebte mich in Frauen, die hilfsbedürftig waren und merkte Wochen später, das meine Hilfe gar nicht wertgeschätzt wurde. Ich verbrachte so viel Zeit damit, anderen zu helfen, das ich immer wieder über meinen eigenen Grenzen stolperte und am Ende sauer wurde. Wieder einmal war ich in die Falle getappt und hatte einem Menschen mehr Bedeutung zugestanden als mir und meinen Bedürfnissen. Ich hatte mich verausgabt. Ich allein war schuld an dieses Situation. Ich war also nicht sauer auf die anderen, ich war sauer auf mich selbst. Zuletzt habe ich gelernt, das manche Beziehungen dafür da sind, um nicht alleine sein zu müssen. Deshalb das Gesetz der Anziehung. Weil ich selber nicht alleine sein wollte, zog ich Menschen in mein Leben, die es auch nicht sein wollten. Wir klammerten und also aneinander und somit verschmolzen die Grenzen ein wenig. Dann kam es zum

Krieg. Ihr streitet euch häufig, ihr seid genervt voneinander, ich sehnt euch nach Ruhe oder ihr seid einfach unglücklich. Nach vielen solcher Beziehungen lernte ich also, das ich selber bedürftig war. Ich lernte aber auch, das ich es nicht sein muß. Ich lernte, das ich etwas dagegen tun kann und das ich gewisse Dinge nicht mehr in mein Leben lassen muß. Also fing ich an Grenzen zu setzen. Menschen die von mir erwarten, das ich ihnen stundenlang zuhöre und ihren Problemen lausche, aber kein Ohr für mich haben, hatten fortan keinen Platz mehr in meinem Leben. Die letzte Person, die ich in mein Leben ließ war um einiges jünger als ich. Er wurde auf mich aufmerksam, weil ich offenherzig durch die Stadt lief und so lernte man sich ein bißchen kennen. Wir machten häufig Sport zusammen und redeten viel miteinander, während wir spazieren gingen. Er half mir also die Dinge zu tun, die ich alleine nicht konnte. Ich merkte bald, das ich es schaffe Sport zu machen, wenn er mich fragte ob wir uns nicht treffen wollen. Alleine schaffte ich es selten, die Motivation zu finden, mich zu bewegen. Häufig verbrachte ich mehrere Tage zu Hause in Isolation, bis einer von uns beiden den Hörer in die Hand nahm und den anderen anrief. Irgendwann vielen mir gewisse Dinge auf, die mich störten. Er log ziemlich viel. Seine Welt bestand aus einem Netzwerk aus Lügen und wenn ich ihm etwas erzählen wollte, hörte er nicht zu. Sobald ich ihm eine Geschichte von einer tollen Erfahrung erzählte, versuchte er diese zu übertreffen oder sagte dinge wie: „Ja, das mache ich auch oft!" Ich wußte einfach, das es gelogen war. Manche Menschen plustern sich auf, aber wenn du nach Taten hinter den Worten suchst, passiert gar nichts. Ich realisierte also, das ich so eine Freundschaft nicht mehr haben wollte und sagte ihm, das er mich nicht mehr kontaktieren soll. Ich sagte ihm auch das mir seine Lügengeschichten auf die Nerven gehen und das ich gar nicht weiß, wer er eigentlich ist. Außerdem riet ich ihm, mich nicht mehr auf der Straße anzusprechen. Wiederum eine sehr drastische und dramatische Herangehensweise. Wieso bin ich so hart in solchen Momenten? Wieso versuche ich es nicht mit netten Worten und mit Einfühlungsvermögen? Ganz einfach:

Stell dir einen Blutegel oder eine Zecke vor. Was meinst du macht eine Zecke wenn du ihr gut zuredest und sie bittest loszulassen? Gar nichts! Sie saugt einfach weiter. Bei manchen Freunden hatte ich ein Bild von einem schleimigen Blutegel vor Augen, wenn ich mit ihnen sprach und ich wußte: „Diese Person muß jetzt aus meinem Leben entfernt werden!" Nett zureden hilft da meistens nicht, denn sie klammern sich vehement an einen. Wenn du seit Wochen oder Jahren eine Freundschaft hegst und der Person sagst du möchtest diese Freundschaft nicht mehr pflegen, wird es zu langwierigen Gesprächen führen. Es wird diskutiert werden und die Personen versuchen sich herauszureden. Sie versuchen alles was du als Grund anbringst abzuwehren, denn sie wissen schlichtweg nicht wovon du redest. Deshalb bin ich sehr hart und bestimmt, wenn es darum geht, diese sogenannten 'Energievampire' aus meinem Leben zu entfernen. Manche Menschen Leben von den Geschichten anderer Menschen. Sie brauchen so viel Energie, das du sehr viel Aufmerksamkeit in ihre Richtung fließen lassen mußt. Tust du dies nicht mehr, werden sie sauer oder sie wollen es einfordern. Interessant, das dieser Abschnitt so lang geworden ist. Wieso habe ich so viel Zeit und Worte aufgebracht, um darüber zu sprechen? Weil es wichtig ist. Es ist wichtig die Menschen die man sehr nah an sich heranläßt, genau zu kennen und zu verstehen welche Art von Beziehung man zu ihnen hat. Wenn du jemals selbstständig sein möchtest, ist es wichtig Dinge alleine zu tun und sich nicht an andere zu klammern. Wartest du immer auf einen Freund oder eine Freundin, um etwas zu unternehmen? Vielleicht ist es an der Zeit, dich selbst zu betrachten und gewissen Verhaltensweisen abzulegen. Am Ende bist du vielleicht von Menschen umgeben, die nur dem Schein nach, oder aus Angst alleine zu sein, mit dir befreundet sind.

Ich meine, du meinst, er/sie/es meint...

Meinungen. Meiner Meinung nach, sollte dieser Abschnitt getrennt behandelt werden, obwohl er doch auch woanders hätte eingepflegt werden können. Oder was meinst du dazu? Das Rad der Meinungen, kannst du dein Leben lang drehen lassen, doch irgendwann solltest du anfangen, eigene Entscheidungen zu treffen. Ich möchte darüber an genau dieser Stelle sprechen, weil ich für den Großteil meines Lebens, andere nach ihren Meinungen gefragt habe. So oder so? Oder lieber so? Was denkst du, was ich heute anziehen soll? Auch sind viele Menschen sehr freizügig mit ihren eigenen Meinungen und Ratschlägen. Sie kommen zu dir und sagen dir, wie du dein Kind erziehen sollst. „Meiner Meinung nach sollten Kinder ja nicht...!", wird dann unaufgefordert gesprochen. Die beste Antwort auf so etwas, wäre ein Satz wie: „Danke, aber wenn ich deine Meinung möchte, frage ich danach!" Du kannst dir ziemlich sicher sein, das die entsprechende Person nicht allzu glücklich darüber sein wird, das du ihre Meinung ablehnst. Manchmal möchte man anderen, einfach nur von einem Problem erzählen, um es sich von der Seele zu reden. Am Ende ist man sicherlich einige Meinungen reicher. Die Meinungen anderer Menschen kosten unheimlich viel Energie, da sie uns verwirren. Wenn du unsicher bist und nicht genau weißt, was du tun sollst, dann fragst du andere nach ihrer Meinung. Wenn andere Menschen das Gefühl haben, das du unsicher bist, dann sagen sie dir ihre Meinung. Manchmal sagen sie dir ihre Meinung auch einfach so. Ich habe gelernt, das du viel leichter durchs Leben kommst, wenn du anfängst, deine eigenen Entscheidungen zu treffen. Niemand auf der ganzen Welt, kann besser wissen was richtig für dich ist, als du selbst. Es erscheint immer sehr leicht, nach einer Meinung zu fragen und sich abzusichern. Jedoch ist es nicht Deine Meinung, sondern die eines anderen. Oft weißt du doch schon ganz genau, was du eigentlich tun möchtest oder was die richtige Entscheidung ist. Du hast lediglich zu viel Angst, auf dein Gefühl zu hören und dir selbst zu vertrauen.

Natürlich gibt es auch Meinungen, welche in der Allgemeinheit als 'Stand des Wissens' angesehen werden. Meinungen, welche beispielsweise in der Schule als Faktum unterrichtet werden. Die Evolutionstheorie ist eine solche. Ebenso die Relativitätstheorie. Beide werden solange als die Wahrheit behandelt, bis jemand daherkommt und sie widerlegt. Dann wiederum, wird eine andere Theorie als Wahrheit angesehen und von nun an in den Schulunterricht eingepflegt. Das Problem ist hierbei, das dadurch sehr starre und wenig flexible Persönlichkeiten entstehen. Die Menschen glauben also zu wissen, was die Wahrheit ist und das wir nun mal vom Affen abstammen. Jedoch handelt es sich doch einfach nur um eine Theorie. Ich könnte verzweifeln, wenn man mit Menschen über so etwas diskutieren möchte und sie tatsächlich alles glauben, was ihnen in der Schule aufgetischt wurde, ohne es zu hinterfragen. Eine Theorie bedeutet, das es theoretisch so sein könnte und nicht, das es so ist. Demnach handelt es sich um eine Meinung, welche durch gewisse 'Beweise' bekräftigt wird. Doch wie beweist die Evolutionstheorie nun irgend etwas, das in der Quantentheorie als wahr angesehen wird? Ehrlich gesagt habe ich keine Ahnung und auch keine Meinung dazu. Christen glauben schließlich auch, das ihre Religion die einzig wahre ist. Atheisten glauben, das sie ganz genau wissen, wie die Erde entstanden ist. Was Atheisten jedoch nicht berücksichtigen ist, das auch sie nur eine Meinung vertreten. Sie glauben zu wissen, das sie wissen, das es keinen Gott gibt. Wenn du dies einem Atheisten nun unterbreiten würdest, dann würdest du dich in einer Stundenlangen Diskussion wiederfinden, welche sehr anstrengend sein kann und vermutlich auch sein wird.

Grundlegend bin ich nicht dagegen, Meinungen zu haben, denn auch ich pflege meine Meinungen mit sehr viel Sorgfalt. In der Tat gebe ich mir sehr viel Mühe, keine starren Meinungen von Dingen zu haben, die ich nicht erlebt habe. Wenn ich keine Ahnung in einem Gebiet habe, dann sammle ich Erfahrungen oder ich halte mich ganz einfach aus den Gesprächen raus. Der Grund, warum ich es mir erlauben kann eine Meinung in manchen Gebieten zu haben, ist recht simpel: Ich habe mir eine Meinung gebildet. Interessanter Ausdruck nicht wahr? Sich eine Meinung bilden. Klingt irgendwie nach Bildung oder? Die meisten Menschen auf diesem Planeten, sind wie Blasinstrumente. Du pustest etwas hinein und genau so kommt es bei ihnen auch wieder raus. Sie bilden sich keine Meinung, sondern eine Meinung wird ihnen gegeben. Man könnte auch sagen sie werden gebildet, aber sie bilden sich nicht. So wie jedes Klatschblatt, was mit Schlagzeilen über Prominente unzählige Leser begeistert. Die einzige Meinung, die man sich auf diese Weise bilden kann ist, das das Leben von Prominenten viele Menschen interessiert. Eine Meinung über die Prominenten an sich, kann man sich nicht bilden, denn man weiß einfach zu wenig darüber. Ich müßte also dem Wort einer Zeitschrift glauben schenken, was eine sehr fragwürdige Herangehensweise ist. Wenn du mich nun 'in flagranti' beim Nasenbohren fotografieren und daraufhin einen Artikel über mich schreiben würdest, wäre die Botschaft lediglich, das mein Finger in der Nase gesteckt hat. Das kann jedoch nicht reichen, um sich eine Meinung über mich zu bilden, oder? Viele Menschen sind leider genau so. Sie sehen ein Bild oder werfen einen Blick auf dich und schon haben sie eine Meinung über dich. Ich persönlich bin ja der Meinung, das man nur eine Meinung haben kann, wenn man sich ausgiebig mit einem Thema beschäftigt hat. Wenn ich eine Meinung über Durst haben möchte, dann muß ich erst mal verstehen, was es bedeutet durstig zu sein. Ich werde mich also in die Thematik einlesen und dann werde ich Erfahrungen sammeln. Vielleicht verzichte ich ganz einfach für 5 Tage auf Wasser und finde heraus, ob es stimmt, das ein Mensch nicht länger als 3 Tage ohne auskommen kann? Wenn ich eine Meinung über die Politik haben möchte, dann reicht es nicht aus, das nachzuplappern was die Politiker oder andere Menschen sagen. Nein, tut es nicht! Ich muß mich auch mit der anderen Seite auseinandersetzen. Um eine fundierte Meinung zu haben, braucht es sehr viel Hintergrundwissen. Oberflächliches Wissen klingt zwar erst mal ganz nett, hat aber weder Hand noch Fuß. Als ich viel Barfuß gelaufen bin, bekam ich sehr unterschiedliche Meinungen zu spüren. Manche Menschen waren der Meinung, ich würde nur wegen der Aufmerksamkeit barfuß laufen. Ich hingegen war der Meinung, das ich trotz der Aufmerksamkeit barfuß laufe. Denn Aufmerksamkeit ist einer der Gründe, warum ich es nicht so gerne tat. Da besagte Personen mich jedoch nicht fragten, sondern bereits im Vorfeld ihre Meinung 'gebildet' hatten, konnten sie das natürlich nicht wissen. Trotzdem mußte ich mich abfällig von ihnen angucken lassen. Schade eigentlich. Vielleicht auch nicht. So funktioniert Polarisation. Du tust etwas extremes und manche Menschen mögen es, wohingegen andere es verabscheuen. Eine Meinung jagt die andere und alle haben Recht und Unrecht zugleich. Sich eine Meinung zu bilden, anstatt einfach eine zu haben, bedeutet die Fähigkeit der Vorurteilsfreiheit zu besitzen.

Eine Meinung zu haben, ist erst mal nichts Schlimmes, wenn sie fundiert ist. In unserer Gesellschaft ist es gang und gäbe andere zu verurteilen und die Meinung über sie, mit anderen zu teilen - was ich als lästern bezeichnen möchte. Außerdem ist es normal, die Meinungen anderer einzuholen, um Entscheidungen zu treffen. Wenn du dich verändern möchtest, ist es wichtig, dir deine eigene Meinung zu bilden. Informiere dich und beobachte. Reflektiere und benutze deinen Verstand. Auf diese Weise bist du nicht mehr abhängig von den Vorurteilen anderer und kannst selbständiger Entscheidungen treffen. Dies wird dir auch dabei helfen, mehr auf dein Gefühl zu hören und dein Selbstvertrauen zu stärken. Wenn du doch mal einen Ratschlag brauchst, dann frage ausschließlich Menschen, die nicht Voreingenommen sind, sondern neutral auf deine Frage antworten können. Freunde und Familie sind nicht immer die geeignetste Wahl, wenn es um Ratschläge geht, da sie ein Interesse an deinem Wohlbefinden haben. Im Grunde ist es Zeit für dich, deine eigene Meinung zu bilden und aus deinen Fehlern zu lernen. Dies ist ein wichtiger Schritt, um erwachsen zu werden und zu reifen. Niemand auf dieser Welt, kann Entscheidungen für dich treffen. Läßt du es zu, das die Meinungen anderer dein Handeln beeinflussen, lebst du nicht mehr dein Leben, sondern ihres. Du gehst nicht deinen Weg, sondern ihren.

6 - Die Kunst des Tuns

Schwierig ist es, dieses Buch zu schreiben. Jeden Tag stehe ich auf und muß mich dazu entscheiden, etwas zu tun. Niemand kann diese Entscheidung für mich treffen. Ich weiß tief in meinem Innern, das ich dieses Buch schreiben und vollenden möchte, jedoch kostet es mich sehr viel Überwindung. Es ist ein Kampf gegen mich selbst, so scheint es. Ein Kampf, gegen meinen inneren Dämon oder meine Faulheit oder meine Schattenseiten. Wer weiß gegen was ich wirklich kämpfe. Alles was ich weiß ist, das es ein Kampf ist. Wenn ich versuchen würde, anderen zu beschreiben, wie schwierig es für mich ist, jeden Tag aufs neue aufzustehen und das zu tun was ich tun möchte, würden sie es nicht verstehen. Sie würden denken, das ich mir einen Lenz mache und gemütlich in den Tag hineinlebe. Tatsächlich herrscht in mir eine Unruhe und ein ständiges hin und her. Woher weiß ich, das es das Richtige ist, dieses Buch zu schreiben? Woher wußte ich damals, das es das richtige war, nach Südafrika zu gehen? Woher wußte ich, das ich Umweltschutz studieren wollte? Alles wirkt so einfach, wenn man anderen davon erzählt. Doch könnte nichts ferner von der Wahrheit entfernt sein. Mein ganzes Leben war ein Kampf. Ich hätte am liebsten mein Leben lang gechillt. Einfach nur Sport gemacht, Bücher gelesen oder Filme geguckt. Doch gab es in mir einen Teil, der etwas anderes wollte. In mir gibt es einen Teil, der seinen Weg kennt. Es gibt in mir einen Teil der weiß, wieso er Umweltschutz studiert hat und der weiß, wieso er gerade dieses Buch schreibt. Vor ein paar Jahren war ich davon überzeugt, das ich keine Ahnung habe, wieso ich diese Dinge tue. Mittlerweile weiß ich, das ich genau wußte was ich tat. Es geht im Grunde darum herauszufinden, was DU mit DEINEM Leben anfangen möchtest. Niemand kann dir sagen, was du tun sollst. Niemand kann dir sagen, wohin du gehen sollst. Der einzige Mensch, der diese Dinge herausfinden kann, bist du selbst. Du gehst diesen Weg zum Teil alleine und das mag sehr beängstigend sein. Viele der intensivsten Erfahrungen in meinem Leben, mußte ich alleine durchleben. Wieso? Weil ich lernen mußte, das ich mich im Notfall, nur auf mich selbst verlassen kann. Ich habe gelernt mir selbst zu vertrauen und es war harte Arbeit. Ich habe gelernt, das wenn es hart auf hart kommt, ich der einzige bin der weiß, was zu tun ist. Viele Menschen lassen sich von ihren Ängsten leiten und laufen völlig planlos herum. Ich hingegen weiß in Extremsituationen genau, was zu tun ist. Wenn alle anderen völlig durch den Wind sind, weiß ich was ich zu tun habe. Wieder mal kann ich an dieser Stelle fragen, warum das so ist? Wieso habe ich diese Fähigkeit entwickelt? Richtig! Ich habe sie entwickelt. Ich habe dafür gearbeitet und meine Erfahrungen sind meine Zeugen. Zahllose Male habe ich mich meinen Ängsten gestellt und habe mich selber neu kennen gelernt. Eine extreme Erfahrung jagte die andere und wenn ich spürte, das ich Angst vor etwas habe, dann habe ich darauf hingearbeitet diese Angst zu überwinden. Ich fing an, zu tun. Ich saß nicht mehr tatenlos rum, sondern ich wurde aktiv. Im Grunde ist es das schon. Ich könnte dieses Buch vermutlich an dieser Stelle beenden und dir sagen, das du jetzt einfach anfangen mußt zu leben. Du mußt anfangen, dich deinen Ängsten zu stellen und deine eigenen Grenzen neu zu definieren. Niemand, absolut niemand, wird das für dich machen können.

a - Ziele setzen

Hallo! Ach, du auch hier? Wer hätte gedacht, das ich dich hier treffen würde? Nun ja, rein äußerlich würde ich dich ja nicht gerade für jemanden halten, der mutig genug ist, sich seinen Ängsten zu stellen. Bist du dir sicher, das du das schaffen kannst?

Tut mir Leid, aber der Zweifel hatte sich gerade an die Tastatur gesetzt und versucht dich einzuschüchtern. Da du immer noch hier bist, gehe ich davon aus, das sein Vorhaben keinen Erfolg hatte. Vielleicht hatte er nicht damit gerechnet, das du dir ein Ziel gesetzt hast. Sehr vorausschauend ...

Ziele setzen. Wo willst du hin und wo kommst du her? Eigentlich geht es ja mehr um das, was vor uns liegt, als das, was hinter uns liegt. Trotzdem ist es ganz gut, sich bewußt darüber zu sein, wo man steht. Was mir persönlich am meisten geholfen hat, um nach vorne zu schauen und meinen Weg zu gehen, waren Ziele. Ich habe bereits angefangen mir Ziele zu setzen, da wußte ich noch gar nicht, das ich Ziele hatte. Ich wußte auch nicht, das ich irgend etwas erreichen wollte. Tatsächlich habe ich sehr viel erreicht, bevor ich verstanden habe, das ich viel erreicht hatte. Ich stand mir bei meinen Vorhaben häufig selbst im Weg, weil ich nicht wirklich ein Ziel hatte. Ich habe zwar studiert und zahlreiche Abschlüsse erhalten, doch wußte ich nie wirklich, wieso ich dies tat. Ich quälte mich durch unzählige Klausuren und den damit zusammenhängenden Streß, ohne zu wissen wofür. Ein Ziel zu haben, gibt dir eine Perspektive. Wenn ich ehrlich bin, war mein Ziel, zu chillen. Kein besonders gutes Ziel, wenn man sich verändern möchte. Wer still steht verändert sich nicht und chillen bedeutet definitiv still stehen. Man tut im Grunde gar nichts. Ich lebte in den Tag hinein und wenn die Klausuren näher rückten, dann wurde ich nervös. Ich hatte kein Ziel und ich hatte keine Ahnung von Organisation. Da ich kein Ziel hatte, empfand ich es auch nicht für notwendig, hart zu arbeiten. Arbeit war für mich, vielmehr eine Art Zwang. Etwas, das ich tun mußte, weil sonst aus mir nichts werden würde. Etwas, das mir von außen auferlegt wurde, obwohl ich lieber etwas anderes gemacht hätte. Jetzt habe ich doch gerade noch gesagt, das ich bereits anfing mir Ziele zu setzen ohne zu wissen das ich Ziele hatte. Das ist richtig. Ich hatte ein Ziel, jedoch wußte ich nicht welches. Trotzdem hat alles, was ich in meinem Leben getan habe, dazu beigetragen, das ich mein Ziel erkannt habe. Jede Entscheidung die ich getroffen habe, hat mich näher zu meinem Ziel gebracht. Hätte ich vor 10 Jahren gewußt, das ich mal ein Buch schrieben würde, hätte mich das dann glücklicher gemacht? Wäre ich schneller an mein Ziel gekommen? Ich denke nicht. Wäre ich mir damals schon im Klaren darüber gewesen, das ich ein Buch schreiben möchte, dann wäre ich vermutlich niemals Umweltschutz studieren gegangen. Man kann immer nur ein Stück weit in die Zukunft blicken und jedes Ziel ist lediglich eine Richtung, die wir einschlagen. Ich studierte Umweltschutz, doch lernte dann, das die Wirtschaft und die Regierung kein ernsthaftes Interesse daran hat, die Umwelt zu schützen. Sie hat lediglich ein Interesse daran, Geld zu machen. Demnach habe ich kein Interesse daran, als Umweltschützer zu arbeiten. Viel lieber schreibe ich Bücher oder rede über Themen in meinem Podcast, bevor ich mich einem falschen System unterordne und lerne den Mund zu halten, um meinen Job nicht zu gefährden. Diese Erkenntnis konnte ich nur machen, weil ich Umweltschutz studiert habe. Ich habe also ein Ziel gehabt und dieses Ziel hat mich weiter gebracht. Das Ziel war aber nicht Umweltschützer zu werden und als Ingenieur in einer Fabrik zu stehen. Nein! Das Ziel war es, diese Erkenntnis zu haben. Zu verstehen was es mit Umweltschutz auf sich hat. Zu verstehen, das man die Umwelt nicht schützt indem man in die Politik geht. Worte alleine können die Umwelt nicht schützen. Für die Erkenntnis, das ich nicht als Umweltschützer arbeiten möchte, mußte ich jedoch Umweltschutz studieren um mir eine fundierte Meinung bilden zu können. Also sagte mein Gefühl sagte mir, das ich Umweltschutz studieren möchte und ich tat es. Setze dir ein Ziel und dann tue alles, um dieses Ziel zu erreichen. Vielleicht bringt dich dieses Ziel nicht zu deiner ersten Million, sondern einfach nur zu einem Abschluß. Egal was du im Leben tust, solange dein Gefühl dir sagt, das du es tun sollst, tu es einfach. Häufig hatte ich keine Ahnung wieso ich etwas tat, aber ich tat es. Mein Ziel war demnach einfach zu tun und mein Leben so zu gestalten wie ich es wollte. Im Studium habe ich viel Freiheit genossen, weil ich es nicht zu ernst genommen habe. Doch habe ich es immer noch ernst genug genommen, um einen Abschluß zu erhalten. Je mehr ich in meinem Leben erfahren und erreicht hatte, desto klarer wurden auch meine Ziele. Zu Anfangs entstanden diese Ziele einfach so. Mittlerweile kann ich nach dem Ausschlußverfahren Entscheidungen treffen und aktiv mitgestalten, wo es mich hin verschlagen soll. Ich habe so viel erlebt und gesehen, das ich mittlerweile weiß wohin die Reise geht.

Vor einigen Monaten fing ich an, mir mich selbst in 10 Jahren vorzustellen. Ich stellte mir einen starken Mann vor, mit Bart und langen Haaren. In meiner Vorstellung stand ich auf einem Hügel im Wald und der Wind blies verheißungsvoll. An meiner linken Seite war ein Wolfsähnlicher Hund und an meiner rechten Seite eine wunderschöne starke Frau, mit einem Kind auf dem Arm. Dieses Bild hat mir geholfen, zu dem Mann zu werden, der ich heute bin. Ich habe mir ein Ziel gesetzt und alles getan, um dieses Ziel zu erreichen. Der Begriff 'Manifestation' kommt mir in den Sinn und es würde sicher nicht schaden, wenn du diesen mal nachschlagen würdest. Ich habe manifestiert, was ich mir vorgestellt habe. Ich bin mittlerweile davon überzeugt, das wenn wir fest genug an eine Sache glauben, diese auch geschehen kann. Ich habe dieses Bild mit niemandem geteilt, bis ich an einem Punkt war, wo ich dieses Ziel nicht länger brauchte. Ich hatte mein Ziel bereits erreicht und konnte meinen Fokus und mein Bewußtsein auf ein neues Ziel richten. Dieses Ziel war das, was mich anspornte. Manche Menschen gehen ins Fitneßstudio und lassen sich von irgendeinem Trainer anbrüllen, um ein Six-Pack zu bekommen. Da ich zu so etwas nun wirklich keine Lust habe, spornte ich mich selber an. Wieso ist es erstrebenswert, sich von jemand anderem sagen zu lassen, was man tun sollte? Ich wiederhole mich nur zu gerne: Niemand! Absolut niemand weiß so gut wie du selbst, was du im Leben erreichen möchtest. Das einzige was du dazu tun mußt, ist dich hinzusetzen und dich zu fragen, was du eigentlich möchtest. Möchtest du ein Six-Pack? Oder einfach gesund sein? Möchtest du Glücklich sein? Möchtest du keine Depressionen mehr haben? Möchtest du alleine wandern gehen? Möchtest du reisen? Möchtest du eine Familie und ein Haus haben? Wie stellst du dir deine Frau oder deinen Mann vor? Ein zeitlicher Rahmen ist sicherlich nicht verkehrt, jedoch sollte es auch kein Wettrennen sein. Jeder Mensch braucht so viel Zeit, wie er braucht. Jeder Mensch hat seine eigene Geschwindigkeit. Du hast deine eigene Geschwindigkeit. Ich habe meine eigene Geschwindigkeit. Es hat knappe 32 Jahre gedauert, bis ich dieses Buch schrieben und vollenden konnte. Manche schreiben Bücher schon mit Anfang 20. Ich traf mal jemanden, der mit 16 schon wußte, das er Heißluftballonfahrer werden wollte. Er wußte es einfach und er setzte alles daran, um dies zu erreichen. Als ich ihn in Südafrika traf, reiste er mit seinem Heißluftballon durch die Welt und ermöglichte es Kindern, in abgelegenen Gegenden, einmal kostenlos mit ihm zu fliegen. Sein Ziel war zunächst Ballonfahrer zu sein. Später wollte er Kinder glücklich machen. Laß dich nicht entmutigen, wenn du von Menschen hörst, das sie schon mit 15 wußten was sie wollten. Du brauchst eben noch ein bißchen Zeit und mußt genügend Erfahrungen sammeln, um es herauszufinden. Bis dahin reicht es, sich kleine Ziele zu setzen und einfach das zu tun, was dein Gefühl dir gerade sagt. Auch wenn du nicht weißt wohin es dich letzten Endes führen wird, bin ich mir sicher, das du deinen eigenen Weg gehen wirst. Mit Geduld und Vertrauen erreicht jeder Mensch sein Ziel, egal wie groß oder klein es auch sein mag. Alles ist möglich!

b - Motivation

Was gibt es spannenderes, als sich der eigenen Angst zu stellen. Mut! Mut alleine sollte schon ausreichen, um dich zu motivieren. Ende.

Was mich in meinem Leben stets motiviert hat, sind Vorbilder. Menschen die ihr Leben auf eine Art und Weise gelebt oder geführt haben, die mich inspiriert. An dieser Stelle möchte ich dir gerne von etwas berichten. Es geht um einen Moment, welcher nicht sonderlich aufregend oder spannend ist, dafür aber sehr erkenntnisreich. Vor einigen Monden suchte ich fast verzweifelt nach einem Helden, der mir als Vorbild dienen könnte. Seit ich 16 bin, gucke ich sehr gerne Anime-Serien. Diese haben oft sehr Charakterstarke Protagonisten, welche eine Heldentat nach der anderen vollbringen. Diese Helden zeichnen sich dadurch aus, das sie meistens sehr ausgeprägte Wertevorstellungen haben. Sie haben Ideale, nach denen sie leben. Sie gehen ständig an ihre Grenzen und scheuen sich nicht davor, für das, was ihrer Meinung nach richtig ist, einzustehen und dafür zu kämpfen. Ich versuchte nun das Bild, was ich von einem Helden habe zu verfeinern, um mir darüber klar zu werden, was für eine Art Held ich gerne sein würde. Also schaute ich mir zahlreiche moderne Verfilmungen, von Männern in engen Kostümen an. Diese wiesen vor allem die folgenden Charakteristika auf: Sie haben stylische Bärte und Frisuren; sie haben Waschbrettbäuche; sie sind meistens übertriebene Muskelpakete; sie sprechen mit tiefen Stimmen; sie verdienen sehr viel Geld; sie haben sehr teure Accessoires. Sicherlich weißt du worauf ich anspiele. Mir gefielen diese Helden nicht, weil sie teilweise komische Moralvorstellungen hatten. Meiner Meinung nach, ist es nicht okay jemandem das Leben zu nehmen, nur weil er zuvor das gleiche getan hat. Für mich ist jemand kein Held, wenn er aus Rache handelt. Stopp! Bevor du dies kritisierst, bedenke das es hierbei um meine Vorstellung von einem Helden geht. Ich habe eben meine eigene Meinung von dem, was einen Helden ausmacht und was nicht. Ich würde mich als Pazifist bezeichnen, da ich nichts von Gewalt halte. Ich halte auch nicht viel von Kampfsport, da ich anderen keinen Schaden zufügen möchte. Jeder Mensch wählt sich die Vorbilder und die Helden aus, die am ehesten zu seinen Zielen passen. Ich sehe keinen Grund, mich verteidigen zu können, weil ich der Meinung bin, das ich es nicht können muß. Ich glaube nicht das die Fähigkeit Gewalt auszuüben mich besser schlafen läßt. Vertrauen und der Glaube an etwas größeres als mich selbst hingegen, läßt mich sehr wohl besser schlafen. Wenn mein Schicksal vorsieht, das ich in einem Schußgefecht das Zeitliche segnen soll, dann werde ich das tun, mit oder ohne schwarzem Gurt. Das ist mein Glaube. Meine Meinung. Deine mag ganz anders aussehen. Meine Suche führte mich letzten Endes zu einem Helden, den ich nicht erwartet hätte. Selbst der Junge mit der Blitznarbe wurde disqualifiziert, weil ich fand, das man das ganze friedlicher hätte lösen können und er mir zu viel Drama um die ganze Angelegenheit gemacht hatte. Auch meine Meinung. Wer war denn nun mein Held? Eines Nachts suchte ich also nach einem Film. Verschiedene Onlineportale wurden durchforstet und schlußendlich endete meine Suche. Es war die Verfilmung des Lebens eines recht bekannten Mannes. Gandhi. Ich guckte den Film und ich war fasziniert über seine Einstellung und seinen Glauben. Ich hatte mein Vorbild gefunden. Gandhi ist ein Mann, welcher absolut gegen Gewaltanwendung war. Er distanzierte sich vehement von körperlicher Gewalt und war stets bescheiden. Trotzdem war er ein moralisches Vorbild und sehr bestimmt. Nachtrag: Vor kurzem hat mich ein Freund darüber informiert, das es Zweifler an der Gewaltlosigkeit Gandhis gibt. Dies hat mich kurzzeitig bestürze, weil ich dachte mein Vorbild sei nun beschmutzt. Jedoch habe ich folgende Erkenntnis gehabt: Den echten Gandhi werde ich niemals treffen, weshalb ich auf die Meinungen von Menschen angewiesen bin. Was mich jedoch bewegt hat, war die Darstellung von Gandhi in der Verfilmung. Ob Gandhi wirklich so war oder nicht, ist dabei völlig irrelevant. Für mich reicht es, das meine Vorstellung von einem Helden, mit den Wertvorstellungen und Idealen der Filmfigur übereinstimmt. Nachtrag Ende.

Erkenntnisreich war dieser Moment insofern, weil ich verstand, was für eine Art Mensch ich sein möchte. Ich verstand, das ich nicht mit Fäusten kämpfen muß, um ein Held zu sein, sondern das es auch reicht, durch seine Taten zu kämpfen. Wer auch immer dich in deinem Leben inspiriert oder motiviert, sei dir überlassen. Es gibt mittlerweile so viele Menschen, die online ihr Gedankengut preisgeben und dir etwas von sich berichten. Auch ich habe mich vor dem Moment, an dem ich Gandhi für mich entdeckte, mit anderen Vorbildern beschäftigt. Auch bedeutet dies jetzt nicht, das ich zu Gandhi werden muß und nur noch im Lendenschurz herumlaufen werde. Natürlich bedeutet es das nicht. Es bedeutet, das du eine Richtung hast. Etwas das dich motiviert und dir zeigt wohin die Reise gehen soll. Vielleicht bist du ein paar Monate wie besessen von einer bestimmten Person oder Figur und von jetzt auf gleich, interessiert sie dich nicht mehr. Für einen Moment fühlt sich das vermutlich komisch an, jedoch ist aus das ganz normal. Wenn ein Vorbild dir alles beigebracht hat, was du von ihm oder ihr lernen kannst, dann verlierst du automatisch das Interesse. Zumindest wenn du von dieser Person lernen möchtest. Manche Menschen himmeln ihre Vorbilder einfach nur an, ohne wirklich an ihnen zu wachsen. Es sollte nicht das Ziel sein zu deinem Vorbild zu werden, sondern vielmehr durch dein Vorbild herauszufinden, was für eine Art Mensch du selber sein möchtest. Die Taten des Vorbilds können dich also motivieren, weil du weißt, das es zumindest einen Menschen gibt, der das was du für erstrebenswert hältst, schon erreicht hat.

c - Helferlein

Hallo und guten Tag. Willkommen in Teil 2, Kapitel 6, Sektion C. Was dich hier erwartet, ist im Grunde eine Gehirnwäsche. Moment? Gehirnwäsche? Habe ich das gerade wirklich gesagt? Will ich euch mal gehörig den Kopf waschen? Ja und nein! Ich denke Gehirnwäsche bekommen wir, wenn wir den Fernseher anmachen und die Nachrichten gucken. Täglich werden wir mit denselben Themen bombardiert, bis wir gar nicht mehr anders können, als ihnen zu folgen oder ihnen zu glauben. Nach wie vor frage ich mich, wieso bei der 'Pandemie', niemand davon geredet hat, Atemübungen zu machen. Oder Sport? Niemand hat davon geredet, das der Mensch über ein Immunsystem verfügt und man einfach gesund leben sollte. Ich habe nicht einmal etwas von alternativen gehört, sondern nur von Impfungen oder Masken. Masken hemmen die Sauerstoffzufuhr, was bei einer Erkrankung, die die Atemwege befallen soll, recht hirnrissig ist. Kein Mensch scheint dies in Frage zu stellen. Zumindest nicht wenn man die breite Masse betrachtet. Das Beste, was gegen Atemwegserkrankungen hilft, ist atmen. Sollte man zumindest meinen, oder? Wie kurbel ich meinen Atem an? Durch körperliche Ertüchtigung und Entspannung. Das ist das, was dich in Teil 2, Kapitel 6, Sektion C erwartet. Ich möchte dir einige hilfreiche Tips geben, die dir dabei helfen können, in Fahrt zu kommen. Was kann dir dabei helfen, Dinge zu tun und der Stagnation zu entfliehen?

Atmen nicht vergessen

Der Atem. Die Atmung. Ich atme ein. Ich atme aus. Klingt eigentlich ganz simpel oder? Vermutlich ist es das, wenn man gelernt hat, wie man richtig atmet. Tatsächlich ist der Großteil unserer Bevölkerung in der Lage, falsch zu atmen. Ganz richtig. Du atmest vermutlich auch falsch. Wieso meine ich das? Weil ich fast mein Leben lang falsch geatmet habe. Als Kind und Jugendlicher hatte ich Probleme mit der Atmung. Ich war kurzatmig. Ich verstand es, in meinen Brustkorb zu atmen und tat dies sehr erfolgreich. Ich hatte eine gehörige Menge an Schleim in meinen Lungen und niemand hielt es für notwendig, mich über richtige Atemtechniken aufzuklären. Also tat die Schulmedizin, was sie am besten kann: Sie verschrieb mir ein Medikament. Einen Inhalator, um genauer zu sein. Denn laut Schulmedizin litt ich an etwas, was hierzulande als Asthma bekannt ist. Ich sollte also täglich, einige Male dieses Medikament zu mir nehmen, um nicht einem spontanen Asthmaanfall zu erliegen. Tatsächlich hatte ich noch nie einen Asthmaanfall. Das Problem was ich hatte, war vermutlich eher, das ich an Wochenenden Zigaretten rauchte und dies einen gehörigen Einfluß auf meine Lungenkapazität hatte. Anstatt mir zu sagen, das ich mit dem Rauchen aufhören sollte, mußte ich sinnlose Tests zur Lungenkapazität machen und den besagten Inhalator verwenden. Irgendwann setzte ich dieses Medikament eigenständig ab und begann damit, mein

Lungenvolumen zu verbessern. Wie? Mit einer vermutlich etwas unbe-
holfenen Atemtechnik, fing ich an mir selber zu helfen. Zudem fing ich
an joggen zu gehen. Jedes mal, wenn ich Atemwegsprobleme hatte und
beim joggen kurzatmig wurde, nutzte ich diese Technik, um mir mehr
Volumen zu schaffen. Ich blies meine Lungen förmlich auf und zwar
wie folgt: Ich atmete so tief es ging ein und preßte die Atemluft dann
durch meine Lippen. Dazu preßte ich meine Lippen so fest aufeinander
wie ich konnte, um ein Maximum an Druck auf meine Lungen ausüben
zu können. Das hatte den Effekt, das ich meine Lungen ein wenig wie
einen Ballon ausdehnte und besser atmen konnte. Niemand brachte
mir diese Übung bei, ich fing von alleine damit an. Wenn ich an den
Sportunterricht in der Schule denke, dann hat niemand mir jemals
erklärt wie ich vernünftig atmen sollte. Es wurde einfach von mir
erwartet, das ich 5km am Stück laufen könne, trotz Seitenstiche. In
der Schule könnte man ein ganzes Schulfach mit Atemtechniken füllen!
Dinge die im Yoga selbstverständlich und als 'Pranayama' bekannt
sind. Atemübungen. Dabei ist Yoga doch quatsch und nur was für Eso-
teriker und Hippies, nicht wahr? Weit davon entfernt! Yoga ist etwas
für Menschen, die sich über ihren Körper bewußt werden möchten. Es
ist etwas für Menschen, die lernen möchten, ein schmerzfreies Leben
zu führen, ohne Rückenschmerzen und Bandscheibenvorfälle.

Beim Yoga ist es nicht nur wichtig, besonders enge Hosen zu tragen
und dem Yogalehrer/in schöne Augen zu machen. Dies ist wohl eher ein
Phänomen, was wir in der westlichen Welt kennen. Yoga ist eigentlich
eine Lebenseinstellung und nicht nur ein paar Dehnübungen. Zu jeder
Yogapose gehören auch das ein-/ und ausatmen. Wichtig ist hierbei
auch, das man in den Bauch und nicht in den Brustkorb atmet. Kurz-
atmigkeit entsteht durch falsche Atmung und kann einen sehr krank
machen. Lungenentzündungen bekommen meistens Menschen, die sich
wenig bewegen und dadurch auch weniger atmen. Wieso redet niemand
darüber? Wieso sollen wir uns impfen lassen, anstatt einen Flyer nach
Hause zu bekommen, mit Atemübungen? Wie immer liegt der Grund
vermutlich bei dem klingeln der Kassen. Mit Atemübungen kann man
wenig Geld verdienen, denn wenn jemand keine Lungenentzündung
mehr hat, braucht er auch keine Medikamente mehr. Schade oder?
Zumindest aus der Sicht der Krankenkassen. „Verschwörung!", rief

die Menge und buhte. „Meinungsfreiheit!", rief ich und die Menge verstummte. Wie immer gilt das hier Verfaßte, als Denkanstoß und als Möglichkeit sich selbst und die eigenen Glaubenssätze zu hinterfragen. Atmung ist sehr wichtig und die meisten Menschen wissen gar nichts darüber. Der Sinn dieses Abschnittes ist es, dich darauf aufmerksam zu machen, das es verschiedene Atemtechniken gibt, die deine Lebensqualität enorm verbessern können. Sauerstoff ist der Stoff der unser ganzes System besser funktionieren läßt. Wenn ich richtig atme und meinen Körper mit Sauerstoff versorge, dann funktionieren meine Organe besser und ich kann klarere Gedanken fassen. Eine sehr bekannte Atemtechnik ist der sogenannte 'Feueratem', welcher den Körper in kürzester Zeit, mit sehr viel Sauerstoff versorgt. Übertreibt man es hier, kann man durchaus ohnmächtig werden, was jedoch - meiner Erfahrung nach - nicht weiter schlimm ist. Ich bin zahlreiche male mit dem Gesicht auf einem Kissen aufgewacht, ohne zu wissen, wie ich dahingekommen bin. Es hat eine Weile gedauert, aber irgendwann hatte ich den Dreh raus und wußte besser mit dem 'natürlichen high' umzugehen. High? Das klingt ja so als wäre man bekifft! Ganz genau. Tatsächlich ist es möglich, alleine durch die Atmung, Zustände zu erreichen die sonst psychedelischen Drogen nachgesagt werden. Klingt gar nicht mehr so langweilig oder? Die Atmung ist definitiv etwas, was es zu erkunden und zu erfahren gilt. Ich kann dir jetzt noch einiges darüber berichten, aber damit würde ich vermutlich den Rahmen dieses Buches sprengen. Wenn dich diese Thematik interessiert, dann empfehle ich dir, dich in Eigenrecherche auf die Socken zu machen und dich in die Thematik einzulesen. Eigeninitiative ist doch immer noch die beste Möglichkeit, um die Dinge zu lernen, die wirklich relevant für einen sind. Eines laß dir aber gesagt sein. Indem ich gelernt habe bewußter zu atmen, bekomme ich besser Luft, bin Leistungsfähiger und ausdauernder geworden. Die Atmung hat sehr viel in meinem Leben verändert, jedoch spricht nie jemand darüber. Übrigens helfen Atemübungen wie der Feueratem auch im Winter, um resistenter gegen kalte Temperaturen zu sein. Nicht umsonst heißt diese Technik 'Feueratem'.

Meditation

Sobald du dich in spirituellen Kreisen bewegst, kommt vermutlich regelmäßig die Frage auf, ob du auch fleißig meditierst. Manche werden diese Frage ernsthaft stellen, wohingegen andere diese in einen Mantel aus Spott hüllen. Nichtsdestotrotz möchte ich dir gerne helfen, die Kunst der Meditation näher kennenzulernen. Ich spreche hier wie immer aus meiner eigenen Erfahrung, denn alles andere wäre nicht hilfreich. Ich kann nur von Dingen sprechen die ich selber erlebt habe. Für mich ist Meditation nicht das gängigste Hausmittel, soviel verrate ich dir bereits. Ich empfinde Meditation als sehr mühsam. Ich setze mich beispielsweise nicht jeden Morgen hin und meditiere für 10 Minuten. Dies ist jedoch abhängig von der Person. Wenn es für dich natürlich ist, so deinen Tag zu starten oder zu beenden, dann laß dich bitte von nichts davon abhalten. Für mich hingegen ist es ganz und gar nicht natürlich, ruhig dazusitzen und zu meditieren. Die Art und Weise wie ich meditiere, könnte man eher als 'aktive Meditation' bezeichnen. Beim gehen, beim joggen, beim häkeln, beim Sport machen. Ich fokussiere mich voll und ganz auf die Tätigkeit, die ich gerade ausführe. So meditiere ich. Jedoch habe ich trotz meiner inneren Unruhe einige Erfahrungen mit Meditation sammeln können.

Zunächst einmal erlaubt die Meditation es dir, dich von deinen Gedanken zu lösen. Oft hört man den Spruch: „Ich bin nicht meine Gedanken." Bei der Meditation lernst du, deinen Gedanken zuzuhören, ohne näher auf sie einzugehen und den Moment, so wie er ist wahrzunehmen. Du wirst merken, das 'Deine' Gedanken, sehr hartnäckig sein können. Ich mag die Vorstellung, das Worte die wir als Gedanken bezeichnen, eigentlich gar nicht unsere Worte sind, sondern von anderen. Ob du sie als Geister oder Engel bezeichnest, hängt vielleicht von der Art und Weise ab, wie die Gedanken klingen und was für ein Gefühl sie vermitteln. Beispielsweise empfinde ich manche Gedanken als sehr invasiv und aufdringlich, wohingegen andere sehr positiv und wärmend sind. Wenn ich mich hinsetzte und dem Augenschein nach nichts tue, so schleicht sich bereits der ein oder andere Gedanke in mein Bewußtsein. Ich spreche von Gedanken sehr bewußt in diesem Sinne, da ich mittlerweile der Überzeugung bin, das ich tatsächlich nicht durch meine Gedanken definiert werde. Manchmal sitze ich ganz ruhig da und plötzlich kommen scheußliche Gedanken, wie in etwa „So ein Schwachsinn!", oder „Wer glaubst du wer du bist?", oder „Das klappt doch nie!". Manche Gedanken tarnen sich so, als ob sie es gut meinen würden und sagen Dinge wie „Du schaffst das schon!", oder „Ich bin Licht!". Jedoch rauben Gedanken auch Kraft und wenn ich ehrlich bin, weiß ich nicht wer genau da redet. Es könnte 'ich' sein, es könnte aber auch jemand sein, der sich für mich ausgibt. Eines ist jedoch klar, wer immer da auch spricht hat ein Anliegen. Das Anliegen gehört zu werden, denn wer Gehör findet, bekommt Aufmerksamkeit und wenn jemand einem Aufmerksamkeit schenkt, so richtet er sein Bewußtsein auf jemanden und somit spendet er Energie. Bewußtsein ist Energie. Vielleicht schweife ich gerade etwas ab, aber ich möchte diese Erkenntnisse gerne an dieser Stelle als Denkanstoß einwerfen.

Wieso empfinde ich diese Sichtweise als wichtig? Spitze deine Ohren, denn ich werde es dir erzählen. Ich empfinde die Sichtweise, das Gedanken nicht zwangsläufig von uns kommen, als sehr wichtig weil es uns ermöglicht, uns davon zu lösen. Manchmal führe ich ein Gespräch mit jemanden und ich habe die ungewöhnlichsten Gedanken. Beispielsweise habe ich manchmal den Gedanken, männliche Freunde zu küssen. Ich frage mich dann woher das kommt, da ich die Vorstellung nicht gerade umwerfend finde. Ich habe auch schon in Streitsituationen den Gedanken gehabt, ich würde die andere Person schlagen oder anderweitig verletzen. Ich bin Pazifist und glaube nicht an Gewalt. Na ja, ich glaube sie existiert, aber ich glaube auch, das es eine Entscheidung ist. Demnach habe ich kürzlich die folgende Erkenntnis gehabt (da sie wichtig ist wiederhole ich sie jetzt, denn sie kam schon einmal vor in diesem Buch):

„Es sind unsere Taten, die zeigen wer wir wirklich sind."

Wie oft habe ich mich für meine Gedanken geschämt? Unzählige male. Meine eigenen Gedanken haben mich manchmal zutiefst verletzt. Wieso sollte ich mir selber Schaden zufügen? Wieso kommen trotz meines Entschlusses keine Pornos mehr zu gucken, ständig die Gedanken, das ich es tun möchte? Wieso stehe ich manchmal vor dem Spiegel und habe den Gedanken „Du bist häßlich!"? Wieso? Es hat mich lange

Zeit verletzt diese Gedanken wahrzunehmen. Ich weiß zum Beispiel nicht, ob jeder seine Gedanken so klar und deutlich hört? Vielleicht tust du dies nicht? Dann rate ich dir dringendst zu meditieren und einfach zuzuhören, was genau deine Gedanken so sagen. Denn stell dir einmal vor, das es nicht du selbst bist, der diese Dinge denkt oder sagt. Würdest du einem anderen erlauben, so mit dir zu reden? Wieso läßt du das zu? Mittlerweile höre ich solche Gedanken und denke dann „Erwischt!". Wenn wir nicht lernen unseren Gedanken zu lauschen, können sie uns negative Dinge in den Kopf pflanzen. Dies können falsche Glaubenssätze sein oder eben auch schlechte Ratschläge. Gedanken können verführen und uns dazu verleiten, Dinge zu tun, die wir eigentlich nicht tun wollen. Sind wir ignorant gegenüber manipulativen Gedanken, kann es schnell passieren, das wir einem dieser Gedanken folgen und etwas tun, was wir eigentlich nicht wollen. Wir gucken uns einen Porno an, obwohl wir es gar nicht möchten oder wir beleidigen jemanden, den wir lieben. Vielleicht stehen wir auch auf einmal nachts um 3 in der Küche und stopfen uns mit Schokolade voll. Wer weiß? Wenn du glaubst, das du deine Gedanken bist, dann wirst du dich häufig schämen oder schlecht fühlen. Du wirst das Gefühl haben, unrein zu sein oder ekelhaft. Jedoch bist DU all dies nicht.

Deswegen noch einmal:

„Es sind unsere Taten, die zeigen wer wir wirklich sind."

Etwas zu denken, ist eine Sache. Etwas zu tun, etwas ganz anderes. Ich kann mein Leben lang denken, das ich gerne jemanden verletzen möchte, aber wenn ich es nicht tue zeigt das, wer ich bin. Ich entscheide mich dagegen, jemand anderem ein Leid zuzufügen. Wie viele Menschen haben schreckliche Gedanken? Das weißt du nicht? Natürlich nicht, denn niemand redet darüber. Ich habe angefangen, die krassesten Gedanken einfach auszusprechen. Ich hatte Mal ein Erlebnis wo ich mit einem sehr guten Freund nackt auf einen Düne gechillt habe. Während wir da so lagen schlich sich langsam aber sicher der Gedanke ein, das ich diesen Freund gerne küssen möchte. Ich erzählte ihm davon und er machte sich darauf hin seine eigenen Gedanken. Schließlich sagte er mir, das ihn das nicht reizen würde. Zunächst einmal fühlte es sich komisch an, dies mit ihm zu teilen. A bit awkward right?

Doch im nachhinein war es auch befreiend. Ich weiß nämlich, das ich Männer nicht in diesem Sinne attraktiv finde. Ich empfinde Frauen als äußerst attraktiv. Männer sind gute Kumpels, mit denen man Dinge unternehmen kann. Doch wenn ich mir vorstelle, wer Abends in meinen Armen einschläft, ist es eine Frau. Trotzdem hatte ich diese Gedanken, obwohl ich wußte das mich Männer nicht reizen. Also wieso? Ich habe solche Gedanken immer noch ab und zu, aber ich habe eine Entscheidung getroffen. Ich habe mich dazu entschieden, meine Gedanken zu beobachten und dann mit dem abzugleichen, was ich eigentlich möchte. Nur weil ein Gedanke mir sagt, das ich irgendwen küssen soll, muß ich das noch lange nicht tun. Ich habe also gelernt, mich von meinen Gedanken zu distanzieren. Dadurch bin ich in der Lage, einen Gedanken wahrzunehmen, ihm aber nicht zu folgen. Beispiel: Ich stehe am Schreibtisch und habe mir das Ziel gesetzt an meinem Buch weiterzuarbeiten. Plötzlich schießt ein Bild von einer nackten Frau durch meinen Kopf und das Bedürfnis eine Pornoseite zu besuchen. Was tue ich? Ich nehme das Bild und das Bedürfnis wahr. Ich horche kurz in mich hinein und erkenne, das ich das nicht tun möchte und schreibe weiter. Ähnlich verhält es sich mit Gedanken zum Essen oder meinen E-Mails. Plötzlich kommt ein Gedanke, das ich doch etwas essen könne, dabei habe ich erst vor 2 Stunden eine große Mahlzeit gehabt. Also erinnere ich mich an das, was ich eigentlich tun möchte: Mein Buch schreiben. Ich habe es geschafft, dieses Buch zu schreiben, weil ich gelernt habe, auf meine Gedanken zu hören und mich von ihnen zu distanzieren.

Verstehst du, was ich dir sagen möchte? Es ist nicht wichtig, was du denkst, sondern was du tust. Deine Taten zeigen wer du eigentlich bist. Es braucht sicherlich ein gewisses Maß an innerer Stärke, um seinen eigenen Gedanken zu widerstehen, aber ich glaube fest daran, das jeder Mensch dies kann. Die Sichtweise, das wir nicht unsere Gedanken sind, hilft dabei ungemein. Denn wer spricht da eigentlich? Klappe zu, Affe tot. Du hältst den Auslöser für die Klappe in der Hand. Willst du einem Gedanken nicht zuhören, laß ihn laufen.

Gedanken sind wie Züge. Du entscheidest, in welchen Gedankenzug du einsteigst. Manchmal ist es besser, den Zug einfach vorbeifahren zu lassen. So in etwa funktioniert Meditation. Du setzt dich hin, auch gerne auf einen Stuhl, und schwiegst. Dann fängst du an, auf deine Atmung zu achten und lauschst einfach deinem Umfeld. Jedes Geräusch und jeder Gedanke, sind Teile der Szenerie. Sie gehören zum allgemeinen Tumult des Augenblicks. Bewerte sie nicht, oder lerne sie nicht zu bewerten. Manche Geräusche werden Assoziationen mit sich tragen, wie in etwa das Hupen eines wütenden Autofahrers. Wenn ich jemanden Hupen höre, bin ich von jetzt auf gleich genervt. Wieso? Weil in Deutschland nur Menschen Hupen, die einem auf die Nerven gehen wollen. Ich habe in Deutschland so gut wie noch nie, ein freundliches Hupen gehört. Aber auch das Autohupen ist nur ein Geräusch. Vielleicht merkst du anhand meiner Ausführungen, wie viele Dinge uns im Alltag unbewußt beeinflussen können. Wenn du nicht erkennst, was du mit dem Hupen eines Autos in Verbindung bringst, kann es sein, das es dich ohne dein Wissen beeinflußt. Plötzlich bist du schlecht gelaunt und schreist irgendwen grundlos an, wer weiß? Lerne deine eigenen Gedanken zu ergründen, indem du ihnen einfach nur zuhörst. Lerne dich von den Assoziationen deines Umfeldes zu lösen, indem du beobachtest, ohne zu verurteilen oder zu bewerten.

Auch wenn ich nicht jeden Tag meditiere, haben meine Erfahrungen mit Mediation mich gelehrt, mein Umfeld nicht so stark zu bewerten und zu erkennen, das ich im Zentrum meiner Wahrnehmung stehe.

Sport

Jaja der Sport. Viele Menschen quälen sich täglich in ihren Joggingschuhen auf die Straße und machen Sport, weil es gesund sein soll. Ist es vermutlich auch, wenn man es gerne macht. Ich in ja der Meinung, das Sport zu machen, nur um Sport zu machen, nicht der richtige Weg ist. Wenn man sich beim Joggen dahinschleppt und keinerlei Freude empfindet, dann sollte man vielleicht besser eine andere Sportart wählen. Es gibt so viele verschiedene Sportarten, die nichts mit Joggen zu tun haben. Eine Zeit lang habe ich auch ständig gemeint ich müßte joggen gehen. Joggen ist gesund und Joggen ist praktisch. Also fing ich an zu joggen. Jedesmal mußte ich mich zwingen das Haus zu verlassen, auch wenn es nur 20 Minuten sein sollten. Ich kann heute sagen, das ich joggen ein wenig verabscheue. Ich mache es gerne, wenn ich im Wald joggen kann, doch in der Stadt würden mich keine zehn Nashörner dazu bringen, joggen zu gehen. Was mache ich stattdessen? Ich mache das, was mir Spaß macht! Ich mache Calisthenics und ich mache Slacklining. Beides sind Sportarten, welche man so gut wie überall machen kann. Beides sind Sportarten, welche man theoretisch das ganze Jahr machen kann. Na ja, in einem Outdoorpark Calisthenics zu machen, wenn es schneit oder friert, ist nicht gerade angenehm, aber definitiv möglich. Was genau ist Calisthenics? Man könnte sagen, das es eine Mischung aus Turnen und Workout ist. Das Ausschlaggebende bei dieser Sportart ist, das man sie nur mit dem eigenen Körpergewicht durchführt. Zumindest ich mache das so. Ob dies nun die Regel ist oder meine Vorstellung davon, kann ich nicht genau sagen. Ich mag diesen Sport sehr. Er besteht im Grunde aus vielen Basisübungen wie Klimmzügen, Liegestützen und Dips (Barrenstütze). Dazu kommen eine Reihe von Übungen wie L-Sits, die menschliche Flagge, Handstand und so weiter und so fort. Entscheidend ist, das der ganze Körper trainiert wird. Viele dieser Übungen sind sehr anspruchsvoll und bedürfen langwieriger Vorbereitung. Der Muscle-Up zum Beispiel, braucht sehr viel Vorarbeit und kann nicht von heute auf morgen gemeistert werden. Ich habe damals 6 Monate gebraucht, um das erste Mal einen sauberen Muscle-Up zu schaffen. Ich habe mir die Zeit genommen und gewartet, bis die Übung von alleine funktioniert hat, anstatt sie zu erzwingen. Denn wie bei jeder Sportart ist es wichtig, geduldig zu sein, wenn man sich nicht ständig verletzen möchte. Was ich beim Calisthenics besonders mag, ist der Spielraum dem diese Sportart mir bietet. Im Grunde geht es darum, fit zu sein und ein gutes Körpergefühl zu entwickeln. Nach ein paar Aufwärmübungen und Arme kreisen fange ich langsam mit anspruchsvolleren Übungen an. Häufig sieht man mich von Stange zu Stange springen, wie ein Affe - die Stangen sind etwa 1,5m entfernt. In letzter Zeit habe ich angefangen, das Springen zu üben. Ich stehe also auf einem Stein und Springe auf den nächsten. Oder ich springe auf Hindernisse. Wenn ich neue Dinge ausprobiere, komme ich dabei ganz schön an meine Grenzen. Manchmal, stehe ich eine Minute lang mit geschlossenen Augen vor einem Hindernis, bis ich mich traue zu springen. Also auch beim Sport kann man sich seinen Ängsten stellen. Was ich durch Calisthenics vor allem gelernt habe, ist was eigentlich Disziplin bedeutet. Disziplin klingt immer so steif, dabei bedeutet es einfach, das man nicht aufgibt und stetig dazulernt. Man hat es geschafft eine Disziplin zu meistern. Disziplin hat etwas mit Fokus und Willensstärke zu tun. Ich habe ein Ziel und ich arbeite darauf hin. Dazu gibt es keine festen Regeln, wie genau ich an das Ziel komme. Ich kann geradlinig darauf zugehen, oder ich nähere mich in Schlangenlinien. Wichtig ist nur, das man nicht aufgibt. Disziplin bedeutet, sich einer Schwäche zu stellen und sie in eine Stärke zu verwandeln. Mit Disziplin habe ich es geschafft, von einem schmächtigen Jungen, zu einem stabilen Mann zu werden. Ich fing damals an, mit ein paar Liegestützen und meine erste Freundin sagte zu mir: „Das bringt doch eh nichts!" Ich habe nicht aufgegeben und mittlerweile staunt so manch einer, was ich für Figuren an den Stangen machen kann.

Ich hatte ja bereits erwähnt, das die 2. Sportart, welche ich gerne praktiziere, Slacklining ist. Slacklining ist ein super Sport, um das Gleichgewicht zu trainieren. Mittlerweile bin ich ziemlich stabil, wenn ich über die Slackline gleite. Wenn es gut läuft, dann mache ich 7-8 Wenden, was bedeutet, das ich hin und zurück laufe, ohne den Boden zu berühren. Mit dieser Sportart habe ich im Jahre 2012 angefangen und sie seitdem, mehr oder weniger unregelmäßig, praktiziert. Was mir Slacklining beigebracht hat, ist mir vor ein paar Tagen klargeworden. Ich habe gelernt, zu fallen und ich habe gelernt, wieder aufzusteigen. Stell dir ein flaches Seil vor, das du auf circa 12m gespannt hast. Du steigst auf einer Seite auf und deine Aufgabe ist es bis zum anderen Ende zu laufen ohne herunterzufallen. Zu Anfang ist alle sehr wackelig, weil die Muskeln und Bänder nicht stark genug sind. Alles zappelt und vielleicht schaffst du einen Schritt oder zwei. Mit der Zeit, bin ich sehr gut geworden und an manchen Tagen laufe ich auf der Slackline, wie auf dem Boden. Das Wort 'Seiltänzer' gefällt mir auch sehr! Slacklining ist für mich das beste Mittel, um zu meditieren. Wenn ich über die Slackline laufe und mit meinen Gedanken woanders bin, fange ich an zu straucheln. Sobald mein Fokus nicht mehr bei meinem Ziel ist, laufe ich Gefahr zu stürzen. Mein Ziel ist das andere Ende der Slackline. Ich praktiziere dieses Sport immer an derselben Stelle, in einem öffentlichen Park. Dort sind zwei Bäume, die genau die richtige Entfernung zueinander haben, so das ich meine Slackline auf das Maximum spannen kann. Ich gehe gerne dorthin, weil viele Menschen mit ihren Hunden dort spazieren gehen, oder einfach entspannen. Das bedeutet viel Ablenkung. Manche Menschen bleiben stehen und fragen mich, ob sie mir zuschauen können. Manche stellen mir ein paar Fragen oder klatschen, wenn ich es schaffe, bis zum anderen Ende zu laufen. Es ist eine Attraktion und die Bühne gehört mir. Das bedeutet aber auch, das ich viel Aufmerksamkeit bekomme. Hunde laufen hin und her und bellen. Einmal ist ein Hund auf mich zugelaufen und ich habe meine Konzentration verloren, aus Angst zu fallen ... und bin gefallen! Slacklining hat mir geholfen, meinen Fokus zu halten und mich nicht ablenken zu lassen. Ich spüre mittlerweile, wie alle möglichen Gedanken durch meine Wahrnehmung schießen und ich habe gelernt, sie einfach vorbeiziehen zu lassen. Das ist meine Art zu meditieren und ich liebe es. Ich mag die extra Herausforderung, wenn ich im Park Slacklining mache. Es erfordert enorme Konzentration, um auf der Slackline zu bleiben und nicht zu fallen. Trotzdem falle ich ab und zu. Doch jedes Mal wenn ich falle, gehe ich ohne zu murren wieder an den Anfang und beginne von neuem. Das ist es, was notwendig ist, um eine Disziplin zu meistern. Niemals aufgeben!

Man muß nicht jeden Sport täglich machen, damit man fit bleibt oder sich verbessert. Trotzdem ist es sinnvoll, einige Favoriten zu haben. Lange Zeit war ich so darauf fixiert joggen zu gehen, das ich andere Sportarten vernachlässigt habe, die mir mehr Spaß machten. Ich meinte, ich müßte joggen gehen. Dies hatte zur Folge, das ich teilweise Wochenlang keinen Sport machte, weil ich partout nicht joggen gehen wollte. Die Realisation kam dann vor gar nicht allzu langer Zeit: „Ich muß gar nicht joggen gehen!" Wieso zwinge ich mich dazu, wenn es mir einfach keinen Spaß macht? Gute Frage! Also machte ich fortan lieber das, was ich gerne mache. Calisthenics und Slacklining. Im Grunde geht es darum Dinge auszuprobieren und herauszufinden, was einem liegt. Ich gehe eigentlich gerne in der Halle klettern. Da ich aber im Moment kein Geld für so etwas habe und ich mich dagegen weigere, mich impfen oder testen zu lassen, fällt diese Option so oder so flach. Fahrradfahren mache ich eigentlich auch gerne, jedoch ist das Fahrrad für mich, eher ein Fortbewegungsmittel. Wenn ich irgendwo hin möchte, dann nehme ich das Fahrrad. Einfach so Fahrrad zu fahren mache ich sehr selten. Irgendwann lohnt es sich vielleicht, sich zu fragen, welche Sportart dir am meisten Spaß macht und welche nicht. Zu viel auf einmal, hat meistens den Effekt, das wir uns selber behindern und oft unschlüssig sind, was genau wir jetzt tun sollen. Sobald du eine oder zwei Sportarten richtig gut beherrschst, kannst du ja etwas anderes in dein Repertoire aufnehmen. Auf jeden Fall hilft Sport dir dabei, einen klaren Kopf zu bewahren und gibt dir die Kraft, dich deinen Ängsten zu stellen.

Zusammenfassung zweiter Teil

Was haben wir, oder du, in diesem Teil gelernt? Gar nichts vermutlich? Im Grunde ging es hier um die 'Säulen der Erkenntnis'. Was ich dir versucht habe zu vermitteln ist, das es wichtig ist, Dinge zu tun, um Erkenntnisse zu sammeln. Einzig und allein das Lesen von Büchern, wird dich nicht an deine Ängste heranführen. Um wahrhaftig an dir zu arbeiten und deine Ängste zu erkennen und erfolgreich loszulassen, mußt du zur Tat schreiten. Wie genau das geschieht, kann ich dir nicht sagen, da jeder Mensch unterschiedlich ist und bei jedem Menschen andere Dinge relevant sind und funktionieren. In diesem Buch gebe ich dir lediglich einen 'Leitfaden zum mutig sein' und nicht deinen Mut selbst. Den Mut, mußt du selber finden. Jedoch habe ich versucht dir zu zeigen, was genau dich davon abhalten könnte, um mutig zu sein. Welche Fallen habe ich auf meinem Weg entdeckt und wie bin ich damit umgegangen? Dies sind Fragen, die du dir nun selbst beantworten kannst. Vielleicht treffen einige meiner Punkte nicht auf dich zu, aber ich glaube, das du mit Teil 1 und 2 sehr weit kommen kannst. Als ich anfing, mich meinen Ängsten zu stellen, hatte ich dieses ganze Wissen nicht. Ich habe es mir hart erarbeitet und durch die Reflektion unzählige Erkenntnisse erlangt. Demnach möchte ich dir auch gar nicht alles auf einem Silbertablett servieren, sondern dich dazu animieren, selber etwas zu tun. Auch bin ich mir darüber bewußt, das sehr viel in diesem Buch steht. Sehr viel erfahrenes Wissen, was womöglich mehrfach gelesen werden sollte. In dem nächsten und letzten Teil werde ich dir noch einiges hilfreiches vermitteln, was bis jetzt noch nicht an der Reihe war. Ich wünsche dir weiterhin viel Erfolg und eine gute Reise!

Dritter Teil:

Das Bewußtsein

7 - Wieso Freiheit eine Entscheidung ist

Gegrüßt seist du, Menschlein. Einige wenige Augenblicke hat es mich gekostet, um zu entscheiden, wie ich diesen dritten und letzten Teil beginnen soll. Tatsächlich sind es häufig einige wenige Augenblicke, die unser Leben, in gewisse Bahnen laufen lassen. Einige wenige Augenblicke sind es, die dafür sorgen, das ein Kind mutig oder ängstlich ist. Solche Augenblicke können bereits bei der Geburt entstehen oder bei unserem ersten Schritt. Natürlich spielt unsere Persönlichkeit auch eine Rolle. Denn jede Mutter wird dir sagen können, das jedes Kind anders ist. Bereits in der Gebärmutter verhalten sich die Embryos unterschiedlich. Manche treten viel, wohingegen andere ständig Schluckauf haben. Wir sind alle unterschiedlich und doch, haben wir alle gewisse Dinge gemeinsam. Angst hat meiner Meinung nach, einen recht ähnlichen Effekt, auf alle Menschen. Was unterschiedlich sein kann, ist die Art und Weise, auf die wir mit Angst umgehen. Manche sind bereits als Kinder Draufgänger und scheuen sich nicht vor Schürfwunden oder blauen Flecken. Andere wiederum sind eher weinerlich und sensibel und trauen sich nicht, weit von ihren Eltern wegzugehen. Was genau hat es mit diesen Dingen auf sich? Sind wir alle nun unterschiedlich, oder gleich? Wenn ich schon als Kind sehr viel Angst hatte, wieso sollte ich dann im Erwachsenenalter daran etwas ändern? Erwachsen. Ich bin gewachsen. Aus einem Samen wird ein Baum. Aus einem Kind wird ein Erwachsener. Ein Mann. Eine Frau. Jeder hat es selbst in der Hand, ob er das ängstliche Kind bleibt und sich von Mutti die Schuhe binden läßt, oder ob er aus sich heraus wächst und etwas verändert. Alles im Leben ist eine Entscheidung, doch häufig fühlen wir uns Machtlos gegen die äußeren Umstände oder das, was in unserer Kindheit geschehen ist. Du wurdest als Kind gemobbt? Deine Eltern haben dich geschlagen? Du bist mal von einem Brunnen gefallen und hast seitdem Höhenangst? Die Welt ist grausam und weil du ein deutscher bist, mußt du dich schämen? Schämen weil irgendwer mal entschieden hat, das Juden keine Menschen seien? In Südafrika werden schwarze, von vielen weißen, als Tiere angesehen. Die Uhreinwohner dieses Landes schuften in überteuerten Häusern für wenig Geld, um ihre Familie zu versorgen. Manche Länder kenne wirkliche Armut, wo man nicht mal eben zum Sozialamt spaziert und um eine Förderung bittet. Es gibt Länder, wo Menschen tatsächlich und jetzt in diesem Moment, mißhandelt oder getötet werden. Findest du nicht, das es ganz schön luxuriös ist, sich daran aufzuhängen, das du als Kind gemobbt wurdest? Empfindest du es nicht als Problem von zu viel Wohlstand, das man den Luxus hat, Angst vor Spinnen zu haben? Wie entfremdet muß man von der Natur sein, um sich eine Spinnenphobie leisten zu können? Wie verbohrt in die Vergangenheit muß man sein, um sich für etwas zu schämen, was unsere Generation gar nicht getan hat? Wieso muß ich mich heute dafür schämen und darüber lernen, was im 2. Weltkrieg geschehen ist? Was genau fehlt dir seit der Pandemie? Was genau fehlt dir wirklich? Du kannst essen, du kannst schlafen und du kannst glücklich sein. Trotzdem höre ich nichts als Beschwerden, seit die Menschen hierzulande nicht mehr in Diskos gehen können, um sich besinnungslos zu betrinken. Ist das nicht der pure Luxus? Luxus den kein Mensch braucht? Ich kann dir aus der Sicht eines Menschen berichten, der viele Jahre studiert hat. Ich hatte nicht viel Geld zur Verfügung. In etwa so viel, wie ein Hartz IV Empfänger (kurz HIV), manchmal sogar weniger. Es gab gewisse Dinge, die ich mir einfach nicht leisten konnte. Für mich ist es normal, die Freizeitaktivitäten zu wählen, die kostenlos sind. Ich gehe nicht ins Fitneßstudio, weil es Geld kostet. Natürlich ist es meine Entscheidung dies zu tun. Ich wähle einen öffentlich zugänglichen Calisthenics-Park. Würde es den nicht geben, würde ich Klimmzüge an einem Baum machen. Seit dem Jahr 2012 bin ich genau einmal zum Friseur gegangen. Ich habe herausgefunden, das ich mir die Haare selber schneiden kann und dafür mehr Geld zum essen habe, oder für andere sinnvolle Dinge. Eine Haarschneidemaschine kostet mich vielleicht 50€ und wird mich einige Jahre begleiten, wenn ich gut mit ihr umgehe. Auch wenn ich nicht in einem sozial schwachen Land aufgewachsen bin, weiß ich, was es heißt wenig Geld zu haben. Ich weiß was es heißt, eine Entscheidung zu treffen zwischen Waschmittel oder Gemüse. Einige Zeit habe ich neben der Miete 200€ pro Monat gehabt. Davon habe ich 50€ zurückgelegt, um etwas sparen zu können. Meine Aufenthalte in Jordanien und Südafrika haben mir gezeigt, was Armut wirklich ist und wie die Menschen trotzdem glücklich sein können. Durch meine Erfahrungen habe ich gelernt, das zu schätzen, was ich habe und dadurch genieße ich eine gewisse Freiheit. Ich habe gelernt, Dinge zu tun, die nicht der Norm entsprechen, weil ich improvisiert habe. Wenn ich trainiere, dann trage ich irgendeine Hose und irgendein T-Shirt. Ich brauche mir kein Outfit zum trainieren zu kaufen, um sportlich auszusehen. Ich habe gelernt, das es reicht sportlich zu sein, als sportlich auszusehen. Ich habe gelernt, das ich nicht verstehen kann, wie manche Menschen so viel Geld haben und trotzdem nicht genug kriegen können. Ich habe gelernt, das es mich wütend macht, wenn ich sehe, wieviel manche Menschen kaufen müssen, um sich zu befriedigen. Ich habe gelernt, das ich mich für manche Menschen schäme, die ihr ganzes Leben hinter einem Bildschirm verbringen und 'zocken'.

Seien wir doch mal ehrlich. Noch ehrlicher.....geht das eigentlich? Kann ich noch ehrlicher sein? Wie viel Ehrlichkeit verträgt ein Mensch und was bedeutet es eigentlich, ehrlich zu sein? Ist es ehrlich, Querdenker an die Wand zu stellen und gleichzusetzen mit Rechtsradikalen? Ist es ehrlich, Schauspieler zu denunzieren, die öffentlich ihre Meinung zu der Corona-Schandemie kundtun? Ist es ehrlich, wenn ich nicht meine Meinung sagen kann? Um ehrlich zu sein, habe ich es satt, ehrlich zu sein, denn es interessiert kaum einen Menschen, wenn man ehrlich ist. Wenn ich dir ehrlich sage, was in deinem Leben falsch läuft, wirst du vermutlich höflich lachen oder wütend werden. Ehrlich ist, das Goethe ein Querdenker war. Einstein war ein Querdenker. Mozart war ein Querdenker. Wieso meine ich das? Weil ich es weiß. Sie haben gedacht. Sie haben Fragen gestellt. Deswegen kennen wir sie heute noch. Ich spüre, wie mich viel wütend macht heutzutage. Die Selbstverständlichkeit, mit der wir in diesem Luxus leben, zum Beispiel. Mich macht es auch wütend, das ich darüber nachdenke, ob ich das hier alles schreiben sollte oder lieber löschen soll. Es macht mich wütend, das es mir so wichtig ist Anerkennung zu bekommen und Geld zu verdienen. All die Dinge, die so unwichtig sind und doch wiederum nicht. Ich weiß, wenn ich Anerkennung für meine Worte bekomme, kann ich etwas verändern. Ich weiß, das wenn ich Geld mit dem Schreiben von Büchern verdiene, ich die Chance habe, zu einer besseren Gesellschaft beizutragen und die Dinge zu sagen, die notwendig sind. Ich weiß, das ich noch wütender werde, wenn ich noch länger schweige. Deswegen schreibe ich diese Zeilen, weil sie ehrlich sind. Nicht weil sie mir Erfolg bringen werden oder weil sie mich besser aussehen lassen. Nein! Ich schreibe sie, weil ich sie schreiben muß. Weil ich eine Entscheidung getroffen habe. Ich habe mich dazu entschieden, meine Ängste zu erkennen und mich nicht mehr von ihnen herumschubsen zu lassen. Ich habe mich dazu entschieden, mutig zu sein und niemandem mehr hinterherzulaufen. Keiner Frau und keinem anderen Menschen. Ich bin wer ich bin. Dieses Buch ist ein Zeugnis meiner Selbst. Es ist ein Zeugnis einer Entscheidung. Es ist die Entscheidung, frei zu sein und kein Sklave der Angst.

Verstehst du jetzt wieso Freiheit eine Entscheidung ist? Wenn du in all dem Luxus nicht frei sein kannst, dann bist du ein Sklave. Wenn du in all diesem Luxus nicht frei sein kannst, dann sitzt du im Gefängnis. Ein Gefängnis aus Angst und du selbst bist der Wächter. Du selbst patrouillierst die Gänge, während du hinter Gittern sitzt und dich beschwerst, wie ungerecht dein Leben doch ist. Du selbst hast es in der Hand eine Entscheidung zu treffen und etwas zu verändern. Tu es einfach! Oder hör zumindest auf dich und dein Umfeld zu beschweren!

8 - Die Kunst des Gleitens

Juten Tach!

Mein Name ist Christopher Reusch. Einen Augenblick! (...)

Entschuldige bitte, aber ich glaube ich war etwas verwirrt. Zwei Kapitel fangen mit 'Die Kunst...' an und irgendwie hat mich das wieder an den Anfang gebracht. Zum Glück habe ich es noch rechtzeitig erkannt und konnte intervenieren. Ich bin wirklich froh darüber, das ich mir darüber bewußt werden konnte, bevor ich erneut eine Einleitung geschrieben hatte. Tatsächlich ist es ja auch das, worum es geht, wenn man ein Bewußtsein für etwas entwickelt. Bewußtsein. Sich über etwas bewußt sein. Ein Bewußtsein für etwas entwickeln. Den Begriff 'Bewußtsein', kennst du sicherlich auch im Zusammenhang mit bewußtseinserweiternden Drogen. „Diese Substanzen verändern dein Bewußtsein, also Finger weg!". Tatsächlich solltest du dann dieses Buch beiseite legen, denn was ich dir hier anbiete, ist ein Weg, um dein Bewußtsein zu verändern. Wie du es letztlich anstellst, ist eigentlich nicht so wichtig. Wichtig ist, das du 'ein Bewußtsein' für deine Ängste entwickelst. Nicht nur für deine Ängste, sondern für dich selbst und deine Umgebung. Wenn wir bewußt mit etwas umgehen, dann können wir daraus lernen und wir können Fehler vermeiden. Bis du schon einmal mit einem Navigationsgerät Auto gefahren? Du öffnest die Tür, du setzt dich hin, du schaltest dein Navi ein, du gibst dein Reiseziel ein, du startest den Motor, du fährst los, du kommst an, du schaltest das Navi aus, du schaltest den Motor aus, du steigst aus und du schließt die Tür. Im Verlauf des Abend fragt dich jemand, ob du an Buxtehude vorbeigefahren bist und du kannst ihm keine Antwort geben. Du versuchst dich zu erinnern, wo du eigentlich hergefahren bist, doch du kannst es nicht. Das nächste Mal fährst du dieselbe Strecke und das gleiche Phänomen tritt auf. Wie kommt es, das wenn man nach dem Navi fährt oder wenn jemand anderes fährt, wir uns kaum daran erinnern können, wo wir lang gefahren sind? Wenn du nun einen Straßenatlas zur Hand nehmen und dir die Route zu deinem Ziel selber erarbeiten würdest, dann wüßtest du genau, wo du lang gefahren bist. Du hast dich ausgiebig mit der Routenplanung auseinandergesetzt und dich informiert, was die einfachste Strecke ist. Du hast etwas Zeit investiert, um dich zu informieren, wie du am besten an dein Ziel gelangst, und du hast tatsächlich auf die Straßenschilder geachtet. Wenn du ein Navi nimmst, dann machst du gar nichts. Schmartfons machen dich nämlich dumm. Richtig, sie machen dich dumm. Du willst etwas wissen, also greifst du nach deinem neuen besten Freund und guckst es nach. Es gibt ja keinen Grund, dein Gehirn mal etwas zu fordern und dir die Bedeutung des Wortes 'Bewußtsein', selber zu erklären, oder? Wenn wir uns bewußt mit etwas auseinandersetzen, dann lernen wir etwas dazu. Einfach nur französische Lieder zu hören, wird dir nicht viel bringen, wenn du die Sprache lernen möchtest. Dazu mußt du dich schon bewußt mit der Sprache auseinandersetzen. Ich habe einmal versucht für eine Klausur zu lernen, indem ich den Fragenkatalog einfach auf Tonband aufgenommen habe. Dann habe ich diese Aufnahme Tag und Nacht laufen lassen. Ich dachte, das ich mir so, das Auswendiglernen, sparen könnte. Hätte ich die Antworten für den Fragenkatalog selber geschrieben, hätte es vielleicht funktioniert. So durfte ich leider feststellen, das es nicht reicht, etwas 10 Mal gehört zu haben. Wenn du dich an die Reiseroute erinnern möchtest, dann solltest du dich vorbereiten. Du solltest dir vorher angucken, wo du entlangfahren wirst und dir am besten einige Notizen zu den wichtigsten Punkten machen. Auch wenn du ein Navi benutzt, kannst du nun deine Notizen mit den Ansagen abgleichen und genau darauf achten, bei welcher Ausfahrt du die Autobahn wechselt und welche Städte du passierst. So wirst du in etwa wissen, wo deine Reise dich hergeführt hat. So in etwa ist es mit diesem Buch. Du kannst es einfach nur lesen und dabei belassen, aber dann erwarte nicht das sich etwas verändern wird. Diese Vorgehensweise wäre ähnlich wie eine Bustour durch Tansania, wo du nur an den wichtigsten Punkten den Bus verläßt und mit allen anderen Touristen, zu der jeweiligen Attraktion rennst. Du hättest keine Ahnung, was in der Zwischenzeit alles passiert ist. Du wärst nur auf das Ziel fixiert, wüßtest aber nichts über das Leben in Tansania an sich. Du kannst nur ein Bewußtsein für etwas entwickeln, wenn du dich ausgiebig damit beschäftigt hast. Wenn du Erfahrungen gesammelt hast und auch verstanden hast, was diese Erfahrungen dich gelehrt haben. Demnach bin ich in der Lage, dir ansatzweise davon zu berichten, wie es ist, in Südafrika zu leben. Natürlich habe auch ich nur ein kleines Maß an Erfahrungen und Wissen, im Vergleich zu einem Südafrikaner. Dennoch habe ich mich, für einige Zeit, mit der Lebensweise und den Umständen konfrontiert gesehen, was mir ein Bewußtsein für das Land an sich gegeben hat. Genauso verhält es sich mit all den anderen Dingen, mit denen du dich beschäftigst. Wenn du viel häkelst, dann weißt du viel über das häkeln. Wenn du jeden Tag joggen gehst, dann weißt du viel über das Joggen. Jemand der sehr viel Wein trinkt, wird vermutlich eher eine Vanille-Note herausschmecken, als jemand der nie Wein trinkt. Vorausgesetzt er beschäftigt sich ausgiebig mit den verschiedenen Geschmacksnoten und lernt diese zu unterscheiden. Er lernt die Unterschiede kennen und entwickelt somit ein Bewußtsein für Wein. Etwas häufig zu tun, bedeutet nicht, das man am Ende besonders gut darin ist. Ich könnte jeden Tag joggen gehen und keine Ahnung haben, weil ich zwanghaft versuche ein paar Kilometer hinter mich bringen möchte. Ich könnte jeden Tag joggen gehen und sehr viele Fehler machen, weil ich nicht wirklich aufpasse, was ich eigentlich tue. Ich denke du weißt ungefähr worauf ich hinaus möchte.

Weißt du nicht? Mensch, Mensch, Mensch. Worauf will ich denn eigentlich hinaus? Gleiten. Bewußtsein. Sehr gut!

Um ein Bewußtsein für etwas zu entwickeln, ist es unabdinglich sich ausgiebig damit zu beschäftigen. Das bedeutet: Ich tue etwas, ich beobachte mich dabei und ich ziehe meine Schlüsse (Reflektion). Ich passe auf. Ich gebe acht. Ich bin achtsam. Ich reflektiere und ich lerne dazu. Dies alles gehört dazu, um dir über etwas bewußt zu werden. Erfahrungen sind das, was unser Wissen validieren oder widerlegen kann. Indem wir unsere eigenen Erfahrungen machen, sind wir in der Lage, das Gelesene nachzuempfinden. Je mehr wir ein aktives und bewußtes Leben führen, desto besser lernen wir, vermeintliche Fehler zu umgehen. Wir lernen, potentielle Risiken im Voraus zu erkennen und wir lernen, bessere Entscheidungen zu treffen. Weil wir bewußte Entscheidungen treffen, wird es auch leichter, auf unser Gefühl zu hören. Da ich bereits einige Erfahrungen in meinem Leben gemacht habe, kann ich mich nun bewußt für oder gegen etwas entscheiden. Ich habe bereits einige Jobs in meinem Leben gemacht. Diese Erfahrungen befähigen mich dazu, Entscheidungen für meinen nächsten Job zu treffen. Ich weiß bereits, was ich gerne mache und was nicht. Wieso weiß ich das? Weil ich bei jedem Job den ich gemacht habe, nach Dingen gesucht habe die mir gefallen oder nicht gefallen. Bei den meisten Jobs, war es die Mehrzahl der Dinge die mir nicht gefallen haben. Ich habe solange nach Jobs gesucht, bis ich erkannte, das mir niemand einen Job geben kann, der mich glücklich macht. Der einzige Job, der auf der Welt existiert und der mir gerecht wird, ist der Job, den ich mir selber gebe. Ich habe meinen eigenen Kopf und weiß, wie genau ich Dinge machen möchte. Niemand kann mir sagen, wie ich etwas zu tun habe, weil es mich enorm einschränkt. Andere Menschen sind vielleicht zufrieden, wenn sie klare Anweisungen bekommen. Ich bin zufrieden, wenn ich genau das tun kann, was ich möchte und genau dann, wann ich es tun möchte. Also fällte ich irgendwann die Entscheidung, das zu tun, was ich eigentlich tun möchte. Jedoch konnte ich das nur tun, weil ich enorm viel Zeit dafür investiert hatte, um herauszufinden was genau es ist, das ich tun möchte. Ich habe also alle Erfahrungen, die ich im Berufsleben gemacht habe betrachtet und bin zu dem Schluß gekommen, das es den Job, den ich machen möchte nicht gibt. Also mußte ich mir meinen eigenen Beruf schaffen. Dafür habe ich mich wochenlang damit auseinandergesetzt, wie dieser Job aussehen würde. Was würde ich tun? Dieses oder jenes? Englisch oder deutsch? Podcast oder Buch? Roman oder Sachbuch? Selbstständig oder doch lieber Angestellter? So also stellte ich mir die Frage, bis ich letzten Endes bei diesem Buch stehen blieb. Mit der Erkenntnis, das ich dieses Buch schrieben möchte, war es jedoch nicht getan. Ganz im Gegenteil. Es reicht nicht zu erkennen, das du dich deinen Ängsten stellen möchtest. Du mußt dich deinen Ängsten stellen. Ebenso hätte es nicht gereicht, zu erkennen, das ich dieses Buch schreiben möchte. Für meinen Seelenfrieden muß ich dieses Buch schreiben. Also schrieb ich dieses Buch. Dieses Buch. Dieses Buch. Dieses Buch. Und immer noch schreibe ich dieses Buch. Und immer noch, wird immer noch, auseinander geschrieben. Verflixt noch eins, wieso klingt es nur so als sollte man es zusammen schreiben? Ich weiß es nicht! Vielleicht bin ich mir nicht bewußt darüber, wieso genau man es nicht zusammen schreiben darf? Auf jeden Fall war ich mir bewußt über das Folgende: Wenn ich dieses Buch nicht zu Ende schreibe, werde ich mein Leben lang das Gefühl haben, etwas versäumt zu haben. Ich wußte einfach, das es genau das ist, was ich tun möchte, also tat ich es. Dein Gefühl belügt dich nicht. Es sagt dir ziemlich genau, was du zu tun hast, wenn du lernst zuzuhören. Dazu mußt du dir erst mal bewußt werden, über das, was du eigentlich möchtest und über das, was du nicht möchtest. Du entwickelst ein besserer Bewußtsein für Angst, wenn du dieses Buch gelesen hast. Noch besser wird dein Bewußtsein, wenn du anfängst, mit deinen Ängsten zu arbeiten. Je besser dein Bewußtsein für deine Ängste wird, desto einfach wird es, mit Angst umzugehen. Es ist mir ein Anliegen dir mitzuteilen, das du lernen kannst zu gleiten ...

Was bedeutet es, zu gleiten? Manche Menschen rauchen einen Joint und sie meinen zu fliegen. Doch werden sie ziemlich schnell wieder auf den Boden klatschen. Wenn du dich ausgiebig mit deinen Ängsten beschäftigst und mit dem, was du eigentlich möchtest, dann wirst du lernen zu gleiten. Du wirst mühelos durchs Leben schweben und jede Hürde gekonnt meistern. Hürden werden sich nicht mehr wirklich wie Hürden anfühlen, weil du schon schlimmeres bewältigt hast. Du hast dich deinem schlimmsten Feind gestellt und bist siegreich aus dem Kampf hervorgegangen. „Wer das ist?", fragst du? Du selbst! Du selber bis dein schlimmster Feind. Wenn ich dir erklären würde, wieviel Mut es mich gekostet hat, um dieses Buch zu schreiben, würdest du es erst glauben, wenn du weißt, was es bedeutet mit deinen Ängsten zu arbeiten. Ich habe gelernt zu fallen. Ich bin oft gefallen. Durch das Fallen habe ich gelernt aufzustehen und weiterzumachen. Wer fällt, steht auf. Wer das Ziel hat, etwas im Leben zu erreichen, der lernt alleine aufzustehen. Dazu ist dieses Buch geschrieben worden. Dieses Buch soll dir dabei helfen, von alleine aufzustehen und etwas aus deinem Leben zu machen. Was genau das ist, liegt bei dir. Wichtig ist lediglich das Wissen, das es möglich ist. Dieses Buch ist nicht perfekt oder allumfassend. Dieses Buch, ist ein Leitfaden zum mutig sein und nicht der Mut selbst. Mut findest du in dir selber. Je mehr du deine Ängste erkennst, verstehst und transformierst, desto mutiger wirst du sein. Stell dir einen Ring vor. Einen Boxring. Der ganze Raum ist voller Schatten, doch inmitten dieser Arena steht eine Person. Diese Person strahlt wie die Sonne. Diese Person kämpft. Sie Kämpft für das, was richtig ist und sie kämpft für die Freiheit. Hört sie auf zu kämpfen, wird sie von den Schatten verschlungen. Sie ist ein Schattenboxer. Wie lange der Schattenboxer schon kämpft, weiß niemand. Er kämpft und kämpft und kämpft. Eines Tages, steigt eine weitere Person in den Ring. Sie hat sich entschieden, ebenfalls zu kämpfen. Wieso steigt sie ausgerechnet jetzt in den Kampf ein und nicht schon früher? Ist sie vielleicht zu spät? Nun, laß mich dir eines sagen. Die zweite Person hat ein wenig gebraucht, um zu verstehen, was der Schattenboxer in dem Boxring überhaupt macht. Sie hat ihn beobachtet und beobachtet und sie hat sich inspirieren lassen. Eines Tages verstand sie, warum der Schattenboxer kämpft und sie verstand, gegen was er kämpft. Also faßte sie einen Entschluß. Sie wußte, das es an der Zeit war zu handeln. Also trainierte sie. Sie wußte, das sie eines Tages bereit sein würde, ebenfalls in den Ring zu steigen und gegen die Schatten zu kämpfen. Sie wußte, das sie eines Tages ein Schattenboxer sein würde. Du selbst kannst ein Schattenboxer sein. Wenn es soweit ist, wirst du nicht das Gefühl haben, das du kämpfst. Deine Schläge werden durch die Schatten gleiten, wie durch Luft und du wirst das Gefühl haben, nie etwas anderes getan zu haben. Wenn du ein Schattenboxer sein möchtest, dann mußt du trainieren. Wenn du gleiten möchtest, dann mußt du trainieren. Deine Angst ist ein ausgezeichneter Sparringpartner.

Viel Erfolg!

a - Träume

Träume wollen geträumt werden. Kurze Pause...

Da bin ich wieder. Ich merke mehr und mehr wieviel Kraft mir das Schreiben dieses Buches abverlangt. Es ist nicht einfach trotz der herrschenden Angst, die richtigen Worte zu finden. Na ja, eigentlich finden die Worte ja mich. Doch bereits das Niederschreiben, kostet Kraft und Mut. Glücklicherweise habe ich genug von beidem.

Aber nun etwas zu den Träumen. Träume sind ein herrliches Mittel, um unsere Ängste zu verarbeiten, wenn du lernst ihre Botschaften zu entziffern. Dazu ist es wichtig sich mit Träumen zu beschäftigen. Wann immer du aufwachst und einen verwirrenden Traum hattest, versuche dich daran zu erinnern. Beziehe alles, was in diesem Traum geschieht, auf dich selbst und deute ihn. Als ich anfing klare Träume zu haben, war es zunächst sehr beängstigend und verwirrend. Ich nutzte das Internet, um ihre Bedeutung zu entschlüsseln und mir einen Reim darauf zu machen. Wie genau du dabei vorgehst, sei dir überlassen. Wieso? Ganz einfach. Ich kenne dich nicht, aber ich bin mir sicher, das du ganz besondere Fähigkeiten hast, die vielleicht noch in dir schlummern. Jeder Mensch ist anders. Jeder Mensch hat andere Wege und Zugänge in sein Innerstes. Meine Methoden sind vielleicht nicht deine Methoden und trotzdem, kannst du aus meinen Erfahrungen lernen, wie du es machen möchtest oder eben auch, wie du es nicht machen möchtest. Verlasse dich auf dein Gefühl und probiere einfach aus.

Einer meiner ersten Träume, in denen ich mit meinen Ängsten konfrontiert wurde, kam ganz plötzlich. Ich schlief damals neben einer anderen Person und träumte das Folgende:

In meinem Traum war ich in einer Art Wohnung. Ich lief herum und sah mich umgeben von unzähligen Menschen. Diese Wohnung hatte mehrere Zimmer. Ein Raum hatte einen Kickertisch, an dem einige Menschen spielten. Manche kamen mir wage bekannt vor und andere konnte ich nicht zuordnen. Ich lief an dem Zimmer vorbei und fand mich in einer Art Eßzimmer wieder. Dieses Zimmer hatte eine Eckbank, auf welcher meine 2. Exfreundin saß. Sie war sehr klein und wirkte wie ein Kind, obwohl nicht sie es war, die klein war, sondern die Eckbank war groß. Auch ich war sehr klein. Die Sitzfläche der Bank war etwa auf der Höhe meines Halses. Ich stand und realisierte, das noch weitere Menschen in diesem Raum waren. Ich konnte sie nicht alle zuordnen, jedoch stach ein Mann besonders hervor. Er war sehr groß. Zumindest aus meiner Perspektive, da ich sehr klein war. In meinem Traum hatte ich das Gefühl, das er der Vater meiner Exfreundin war. Er stand und verbreitete eine sehr schlechte Energie, welche auf mich gerichtet zu sein schien. Interessanterweise hatte ich das Bedürfnis, mich diesem Mann zu stellen, auch wenn er mir sehr viel Angst machte. Ich ging zu dem Mann und auf einmal war ich so groß wie er. Ich guckte ihm in die Augen und forderte ihn heraus. Sein Gesicht war durchzogen mit Falten, so als hätte er sein Leben lang geraucht. Er hatte langes Haar und rot unterlaufene Augen. Er sah sehr unsauber aus, so viel kann ich dir sagen. Ich guckte dem Mann für einige Sekunden in die Augen und dann wurde es mir zu viel und ich verließ den Raum. Ich hatte ein sehr ungutes Gefühl.

Dann wachte ich mit einem Gefühl der Angst auf. Eine Form von Angst, welcher ich so noch nie gegenüber stand. Ich hatte so etwas noch nie erlebt. Der Traum war so klar gewesen und die Emotionen so real. Ich versuchte zu verstehen, was genau mir dieser Traum sagen wollte, doch kam ich in diesem Moment nicht sehr weit. Am Abend setzte ich mich hin und nahm ein paar Züge von einem puren Joint. Als ich das getan hatte, bekam ich das starke Bedürfnis etwas aufzuschreiben. Ich setzte mich also hin und nahm mir Stift und Zettel zur Hand. Dabei entstand das folgende Gedicht:

I saw a man in wrinkles,
that finely lined his face.
His figure tall above us all,
he seemed to rule the place.

He spread a mood of hatred,
directed towards me.
My form it felt uncertain,
my heart felt jealousy.

Come he did by night
and with him he brought friends.
See I did by light,
learning never ends.

The ugly man was me,
I know it in my heart.
To be completely free,
I need embrace that part.

Nachdem ich dieses Gedicht niedergeschrieben hatte, reflektierte ich das, was in dem Traum geschehen war noch einmal, um sicher zu gehen, das ich ihn nicht vergesse. Tatsächlich erinnere ich mich bis heute sehr deutlich an diesen Traum, so als ob es gar kein Traum war, sondern eine Erfahrung auf einer anderen Ebene. Außerdem guckte ich einige Dinge im Internet nach und fand heraus, das Träume in denen sehr viele Menschen vorkommen, häufig Ego-Träume sind. Ego-Träume sind Träume, in denen man vielen Facetten seiner selbst begegnet. Demnach war jeder in diesem Traum ein Teil von mir. Ich reflektierte weiter und fand heraus, das der Mann der mir solche Angst gemacht hatte, ebenfalls ein Teil von mir war. Sein Gesicht und seine Frisur spiegelten das Meinige wieder, jedoch ohne das krankhafte Aussehen und die Falten. Ich begann zu verstehen, das er eine Art Persönlichkeit von mir ist, welcher ich im Traum begegnet war. Eine Art Charakterzug von mir, welchen ich nicht sonderlich mochte. Manchmal war ich launisch oder einfach nur schlecht gelaunt und ich konnte mir nie einen Reim darauf machen, woher solche Schwankungen kamen. Heutzutage bin ich in der Lage zu erkennen, welcher Teil in mir eine Verletzung erlitten hat. Wenn ich in einer Laune gefangen bin, dann lausche ich ganz einfach auf mein Innerstes und die Worte die dann kommen, stammen häufig von einem Teil von mir, der Schmerz erfahren hat und immer noch darin gefangen ist. Diese Teile begegnen mir (und vielleicht auch uns) in meinen Träumen. Ob dies für alle so ist, kann ich nicht sagen. Ich bin fest davon überzeugt, das wenn mir eine Verhaltensweise im Traum begegnet, ich kurz davor stehe sie loszulassen. Ich habe diesen Teil meiner Persönlichkeit erkannt. Erkennen bedeutet, das ich es wiedererkennen kann. Ich weiß wie es aussieht und deshalb ist es einfacher, die Muster, Merkmale und Eigenschaften meiner selbst zu beobachten und Schlüsse daraus zu ziehen. Der Mann beispielsweise machte mir Angst und trotzdem stellte ich mich ihm. Zwar hielt ich es nicht aus ihm für lange Zeit in die Augen zu blicken, aber ich war auf seine Größe herangewachsen und ich ließ mein kindliches Ich zurück und blickte ihm als Mann in die Augen. Tatsächlich wird mir gerade bewußt, das zu dieser Zeit auch meine Transformation als Mann begann, sehr interessant.

Noch ein Traum: Ich war diesmal auf einer Art Jahrmarkt. Überall waren Freßbuden und andere Stände. Mehr eine Art mittelalterlicher Jahrmarkt, als einer mit Achterbahnen. Ich erinnere mich noch, das ich in einer Gruppe stand. Die Gruppe umgab mich und sie redeten mit mir. Alle wirkten recht nett, aber irgendwie fand ich sie auch komisch. Die meisten von ihnen tranken Alkohol, doch da ich keinen Alkohol trinke, trank ich keinen Alkohol. Während ich so dastand, ohne Alkohol, bemerkte ich, das die Menschen mich irgendwie dazu kriegen wollten mitzumachen. Sie wollten, das ich auch etwas trinke oder esse. Ich wollte aber nicht und so spürte ich diesen Druck von ihnen. Sie taten zwar so, als würde sie das nicht stören, aber irgendwie spürte ich das etwas komisch war. Gleichzeitig wollte ein Teil von mir einfach glauben, das sie ja nur nett sind. Denn oberflächlich betrachtet, waren sie das ja auch. Plötzlich war da eine junge rothaarige Frau, welche aufgebracht davonrannte. Irgendwie stachelten mich die anderen an sie zu fangen. Also rannte ich drauf los und verfolgte sie. In mir gab es aber einen Teil, der das gar nicht wollte. Ich wollte viel lieber mit der rothaarigen reden, denn sie interessierte mich. Plötzlich war sie verschwunden und ich kehrte zurück zu den anderen. Diese Szene wiederholte sich mehrmals. Beim dritten Mal kam noch ein braunhaariges Mädchen hinzu und versuchte mich davon abzuhalten die junge Frau zu fangen, indem sie mich zu beißen versuchte. Der Beißversuch mißglückte, aber ich gab meine Jagd auf. Weiterhin spürte ich, wie der Mob mich anspornte die rothaarige zu fangen. Ich ließ ab von dem Versuch und ging zu einer anderen Stelle. Dort setzte ich mich auf einen Stuhl. Mir gegenüber saßen ein Mann und eine junge Frau. Es waren scheinbar Vater und Tochter und beide hatten schwarzes kurzes Haar. Ihre Gesichter ähnelten sich sehr und es verwunderte mich, als würde ich derselben Person in die Augen blicken. Während ich die Tochter anschaute, begann sich ihr Gesicht auf einmal zu verändern. Sie sprach kein Wort und bewegte sich auch nicht. Ihre Mimik blieb unveränderlich, doch ihr Gesicht nahm auf einmal die unterschiedlichsten Formen an. Ich nahm eine Art Gaukler war, welcher sich zeigte. Ständig veränderten sich ihre Gesichtszüge und mit einem Mal, war ihre gesamte Gestalt die eines Gauklers. Ich guckte die Gestalt einfach nur an und wußte nicht, wie ich reagieren sollte.

Dann wachte ich auf.

Wie du siehst, ist dieser Traum etwas verwirrender als der erste. Manche Träume sind zunächst einmal sehr durcheinander. Hierbei ist es wichtig auf die Einzelheiten zu achten, um ein besseres Verständnis des Geträumten zu erlangen. Was mich an dem Traum stark verwirrte, war vor allem die rothaarige junge Frau. Wieso wollten die anderen das ich sie einfing? Sie waren geradezu begierig darauf, das ich sie fangen und zu ihnen bringen würde. Wieso? Ich weiß es bis heute nicht genau. Meine Vermutung wäre, das das rote Haar für Ungezähmtheit steht und Freiheit und die Menschen das nicht möchten. Sie sind so sehr in ihren Facetten gefangen, das eine freie Frau ihnen nicht gefällt. HA! Danke oh wundervolles Buch, denn ich habe eine Erklärung gefunden. Lange Zeit versuchte ich das Mysterium der rothaarigen Frau zu lüften und jetzt ist es scheinbar gelungen. Das erklärt auch, wieso ich die Personen, die mich zum trinken animieren wollten, mißtrauisch beäugte. Mir war es zwar im Traum nicht wirklich bewußt, aber das ich von ihnen nichts annahm zeigt, das ich es spürte und dementsprechend eine Entscheidung traf. Außerdem brach ich meine Versuche die Frau zu fangen ab und setzte mich stattdessen zu dem Gaukler an den Tisch. Auch im Traum sind unsere Entscheidungen von großer Bedeutung. Sie spiegeln wieder, wie sehr wir uns verändert haben. Der Gaukler oder auch der Trickster ist eine Gestalt, welche in Träumen häufiger vorkommen kann. Sie fasziniert mich sehr und auch wenn er viel Schabernack im Kopf hat, tut er dies in unserem Interesse. Manchmal wollen wir etwas nicht erkennen und dann kommt der Trickster und zeigt es uns. Er bringt uns etwas bei, indem er uns eine Lektion erteilt. Es ist nicht immer einfach den Trickster zu entlarven, aber mit ein bißchen Übung schaffst du es. Beispielsweise wollte mir der Trickster in diesem Traum zeigen das das, was wir zunächst in den Menschen sehen, nicht immer das ist was unter der Oberfläche schlummert. Menschen setzten Masken auf und verstellen sich, um zu gefallen. Davor gilt es vorsichtig zu sein. Hätte ich auf die Menschen gehört, welche mir ihre Nettigkeit nur vorgaukelten, so hätte ich die rothaarige Frau eingefangen und somit mich selbst. Ich hätte mich dafür entschieden, etwas freies und ungezähmtes zu fangen und wegzusperren. Gut, das ich dies nicht tat.

Wie du siehst, ist jeder Traum sehr unterschiedlich. Ich habe mittlerweile unzählige Träume in meinem Repertoire, von denen ich dir hier berichten könnte. Sie alle sind so real, wie meine alltäglichen Erfahrungen. Deshalb bin ich mittlerweile der Auffassung, das Träume nicht einfach nur Einbildungen sind oder unser 'Unterbewußtsein', was sich meldet. Ich glaube vielmehr, das wir eben aus einem Körper und einer Seele bestehen. Der Körper ist das, was uns an die physische Welt bindet und uns erlaubt Erfahrungen zu machen. Die Seele ist der göttliche Teil in uns, welcher ausschließlich aus Licht besteht. Da unser Körper jedoch viele Ecken und Kanten hat, kann negative Energie uns sozusagen 'zumüllen' und unsere Seele verdecken. Haben wir zu viel Müll und Dreck an uns, erkennen wir unser eigenes Licht nicht mehr. Dann wird es höchste Zeit, sauber zu machen. Interessant auch, wie ich über diesen sehr wichtigen Aspekt erst hier rede und auch nicht wirklich offensichtlich. Ich denke es hat einen Grund, wieso es gerade hier zur Sprache komme. Auch hat es einen Grund, das ich darauf hindeute, das ich hier das erste Mal von Körper und Seele spreche. Wenn wir träumen, hat unsere Seele die Möglichkeit Erfahrungen außerhalb des Körpers zu machen. Dies hat den Vorteil, das wir Dinge auf andere Art und Weise erkennen und erleben können. Außerdem glaube ich, das andere Wesenheiten an unseren Träumen beteiligt sein können. Meine Auffassung ist es, das Engel uns mit unseren Träumen Botschaften schicken, die uns auf eine gewisse Sache aufmerksam machen wollen. Deshalb empfinde ich es als wichtig, sich mit seinen Träumen zu beschäftigen und zu lernen sie zu deuten. Dadurch, das ich viele verschiedene Facetten meiner selbst in Träumen erkannt habe, kann ich sie auch im Alltag erkennen. Ich lausche in mich hinein und spüre Wut. Ich erkenne die Gestalt hinter der Wut und kann sie meistens sogar auf ein Erlebnis oder eine Erfahrung zurückführen. Deswegen bist DU, ganz genau DU DA! bestens dafür geeignet, deine eigenen Träume zu interpretieren. Denn niemand kennt dich so gut, wie du selbst. Du brauchst lediglich ein wenig Übung dafür.

Ich persönlich schreibe mir meine Träume nie auf. Ich habe es am Anfang versucht, aber es langweilt mich und ich empfinde es als mühselig, so viel zu schreiben. Ich merke mir die Träume einfach und denke darüber nach. Ich habe schon in der Schule nicht gerne

Notizen gemacht, sondern nur mitgeschrieben, um von außen betrachtet den Schein der Aufmerksamkeit zu wahren. Mittlerweile schreibe ich eigentlich gar nichts mehr mit, weil ich erkannt habe, das ich mir die wichtigen Dinge so merken kann. Ich brauche mir eigentlich auch keine Termine zu notieren, da ich wichtige Dinge nie vergesse. Ebenso halte ich es mit Namen. Menschen die eine Bedeutung haben in meinem Leben, merke ich mir namentlich, die anderen nicht. Ich tue dies nicht immer bewußt, aber mein Gefühl zeigt mir, was wichtig ist und was nicht. Habe ich keine Lust mir etwas zu merken, ist es vermutlich nicht relevant. Beispielsweise empfinde ich es als absolut unwichtig, mich in Erdkunde auszukennen. Wenn andere so etwas mitkriegen, springen sie förmlich auf die Barrikaden und lassen verlauten, das es ja unheimlich wichtig sei zu wissen, welche Bundesländer wir haben. Wieso? Es gibt so schöne Informationen auf dieser Welt, da brauche ich mir keine, vom Menschen gemachten, Grenzen merken. Vor ein paar Jahren reagierte eine Frau sehr empört darauf, das ich nicht die Partei unserer Kanzlerin kannte. Sie sagte, das jemand mit meinem Bildungsstatus so etwas einfach wissen müßte. Was für ein Schwachsinn! Dann müßte ja jeder mit einem gewissen Bildungsstatus, schlichtweg alles wissen, denn Wissen ist subjektiv. Jeder meint doch das das, was er weiß, wichtig und wissenswert sei. Demnach müßten wir uns alles merken, was irgend jemand als wissenswert empfindet. Viel Spaß. Ich lerne lieber nur die Dinge, die für mich eine Relevanz haben. Die Partei von irgendwem hat für mich keinerlei Relevanz, also muß ich sie auch nicht kennen. Was ich damit sagen möchte ist das Folgende:

Ausschließlich du selbst weißt, was gut für dich ist. Verlasse dich auf dein Gefühl und vertraue dir selbst. Menschen nehmen sich gerne wichtig. Nimm dich selbst wichtig, aber reib es anderen nicht unter die Nase. Behalte manche Dinge für dich und lerne, einfach mal zu schweigen. Du mußt nicht alles mit jedem teilen. Peace out.

Die Welt der Träume ermöglicht es dir, die eigenen Ängste zu erkunden, aber ebenso deine Zukunft zu gestalten.

9 - Veränderung

Viele Menschen sind der Meinung, das man sich nicht verändern kann. Dieser Glaubenssatz ist die beste Methode, um so zu bleiben wie du bist. Deswegen möchte ich dir etwas mitgeben, was ich aus meiner eigenen Veränderung gelernt habe ...

„Moment mal! Hat er da gerade Veränderung gesagt? Will er mir etwa jetzt auch noch erzählen, das er sich verändert hat? Jeder, der nur ein bißchen bei Verstand ist weiß doch, das das unmöglich ist!"

Demnach wäre ich, nach der allgemeingültigen Meinung, definitiv nicht bei Verstand. Gott sei dank!

Um mit diesem Buch weiterzumachen ist dieser Teil sehr wichtig. In diesem Teil möchte ich dich auf das vorbereiten was kommen mag. Hast du dir einmal vorgestellt, jemand völlig anderes zu sein? Eine ganz andere Person? Ein Superheld vielleicht, oder ein König? Stell dir einmal vor, du wärst von heute auf morgen ein anderer Mensch. Gehe in dieses Gefühl hinein. Fühlt sich gut an oder? Und jetzt stell dir einmal vor, wie die Personen in deinem Umfeld darauf reagieren würden. Sie kennen dich immer noch als Mister X, aber du bist nicht mehr Mister X, du bist jetzt Mister Y. Oder vielleicht auch Mister Z. Jedoch siehst du immer noch aus wie Mister X und du lebst am selben Ort. Du bist aber nicht mehr dieselbe Person. Wie gehst du damit jetzt um? Wie geht dein Umfeld damit um?

Was ist eine Person? Aus einer anderen Sprache abgeleitet, bezeichnet das Wort 'persona' eine Maske. In einem Theaterstück kann ich sein wer ich will, richtig? Nun, was wäre wenn das Leben eine Art Theaterstück wäre? Du glaubst zu wissen wer du bist. Ich bin Mister X! Ich mag dieses oder jenes. Ich bin gegen dieses oder jenes. Dieses oder jenes schmeckt, dieses oder jenes schmeckt nicht. Aber wer sagt diese Dinge? Es ist deine gegenwärtige Persönlichkeit. Die Person die du darstellst, mag gewisse Dinge und gewisse Dinge mag sie nicht. Ich habe im Verlauf meines Lebens festgestellt, das ich ständig damit beschäftigt bin, die Erwartungen anderer Menschen zu erfüllen. Dieses Bedürfnis entsteht aus dem Wunsch heraus zu gefallen. Jeder Mensch möchte im Grunde seines Herzens geliebt werden. Doch wie lernst du nun zu unterscheiden, was du bist und was die anderen sind? Was ich damit sagen möchte ist das Folgende: Die Menschen die dir begegnen, Familie, Freunde und auch Fremde auf der Straße, habe alle ihre ganz persönliche Geschichte. Auf Grund ihrer Erfahrungen und Bedürfnisse stellen sie Erwartungen an jede Person, die ihren Weg kreuzt. Beispielsweise haben Mütter und Väter häufig die Erwartung an ihr Kind, das es ihm oder ihr gut geht. Sie möchten so sehr, das ihre Kinder glücklich oder erfolgreich sind, das sie oft nicht sehen, was das Kind eigentlich möchte. Ein Großteil der Menschen auf diesem Planeten hat gelernt, das gewisse Verhaltensweisen gewünscht sind und andere wieder nicht. Erfahrungen in unserer Kindheit zeigen uns, welche Verhaltensweisen liebenswert sind und welche nicht. Du lernst also dich so zu verhalten, wie es die Menschen in deiner Umgebung gerne hätten. Wenn wir uns gegen die Wunschvorstellungen anderer Menschen richten, treffen wir oft auf Resistenz und Tadel. So entstehen im Laufe eines Lebens gewisse Verhaltensmuster, welche wir erlernt und integriert haben. Diese Muster (Glaubenssätze, Routinen, etc.) sind schwer abzulegen, da sie zu einer Gewohnheit werden und sehr tief in uns verwurzelt sind. An diesen Mustern halten wir fest, weil wir nie gelernt haben loszulassen. Betrachte einfach mal deinen Kleiderschrank und frage dich, wie viele der Kleidungsstücke du wirklich noch trägst. Vielleicht hast du dich schon verändert und hast einen ganz anderen Stil, aber trotzdem hängen diese alten Sachen noch am Bügel. Wieso ist das so? Loslassen ist essentiell, um Veränderung anzunehmen. Anhand der Menschen in meiner Umgebung und mir selbst kann ich sagen, das es vielen Menschen schwerfällt, loszulassen. Wenn man jemandem sagt, er solle doch einfach loslassen, klammert er umso mehr, aus Angst etwas zu verlieren. Loslassen heißt aber nicht, das ich etwas verliere, sondern das ich etwas neues dazugewinne. Nämlich Freiraum, den ich dann zum durchatmen nutzen kann.

Meine Erfahrung mit Veränderung ist, das sie nicht immer leicht ist. Ein Teil in mir wehrt sich gegen das Neue und möchte lieber das alles beim Alten bleibt. Jedoch sind es unsere Entscheidungen und unsere Taten, welche zeigen wer wir wirklich sind. Wenn man sich einmal im Spiegel betrachtet und sich fragt, ob alles wirklich so rosig ist wie wir es uns einreden, werden wir feststellen, das dies nicht der Fall ist. Wie kommt es, das ich mich im Spiegel betrachte und ein Teil von mir findet das ich häßlich bin? Woher kommen diese Gedanken? Es sind Glaubenssätze die wir nicht loslassen können. Wäre es nicht eine viel schönere Vorstellung, wenn du dich im Spiegel betrachtest und einen schönen Menschen siehst? Tut es nicht weh, wenn du etwas an dir als unschön empfindest? Du kannst dir die Version vorstellen, welche schön ist und du kannst zu dieser Person werden. Dies geht nur, indem DU DICH veränderst und den Menschen, der gerade in den Spiegel guckt, losläßt. Erkenne dich selbst, so wie du bist und nicht so, wie andere dich sehen. Traue dich aus deiner Hülle herauszukommen und spreize deine Flügel als wunderschöner Schmetterling. Eine Raupe frißt und frißt und frißt. Dann verpuppt sie sich und am Ende spreizt sie als Schmetterling ihre Flügel und steigt in die Lüfte empor. Veränderung. Meint ihr die Raupe wehrt sich dagegen? Meinst du, die Raupe weiß was sie da tut? Ich denke nicht. Ich glaube, das es in ihrer Natur liegt, sich zu verändern und sie tut es einfach. Sie stellt die Schönheit in sich nie in Frage. Sich in einen Kokon zu hüllen und sich zu transformieren ist für einen Menschen kein leichter Schritt, weil wir den freien Willen haben. Das heißt, wir sind in der Lage Entscheidungen zu treffen. Ich kann mich für oder gegen Veränderung entscheiden, doch eine Entscheidung bleibt es. Klingelt da was bei Dir? Ich hoffe doch! Dann verschließe deine Ohren nicht länger vor dem Läuten der Glocken und fang an. Nur Wo?

Bei dir natürlich! In diesem Buch findest du Anregungen und Denkanstöße, welche dir dabei helfen werden diese Veränderung in Gang zu setzen. Ich kann dir nicht sagen, wie genau du es anstellen sollst, aber ich kann dir aus meiner Sicht berichten und dir somit bei deiner Entscheidung helfen. Ich erwähnte bereits, das Veränderung nicht immer leicht ist. Ganz und gar nicht. Ich kann dir genau in diesem Moment versichern, das ich nicht mehr dieselbe Person bin, die ich vor 3 Monaten war. Mittlerweile fällt mir Veränderung und loslassen 'relativ' einfach. Ich habe genug Erfahrungen gesammelt, die mir gezeigt haben, das Veränderung etwas Gutes ist. Ich versuche in einem Zustand der Akzeptanz zu leben. Das bedeutet nicht, das ich tatenlos herumsitze und akzeptiere wie die Regierung mir meine Freiheit wegnimmt, weil ich nicht geimpft bin. Es bedeutet, das ich akzeptiere was geschieht und ich akzeptiere, was ich zu tun habe. Meine Intuition und mein Gefühl sagen mir genau, was ich tun möchte. Doch habe ich dafür hart gearbeitet. Oh ja, **Veränderung ist harte Arbeit**. Niemand wird dir deine Flügel auf einem Silbertablett servieren. Du mußt sie dir verdienen. Dies ist aber auch gut so, denn indem du sie dir verdienst, weißt du deine eigene Transformation besser zu schätzen und es geht nicht zu schnell. Am Anfang dieses Kapitels fragte ich dich wie es wäre, wenn du von jetzt auf gleich jemand anderes wärst. Beängstigend wäre das. Vielleicht erscheint es jetzt als befreiend, aber wenn du wirklich von einem Moment auf den anderen eine andere Person wärst, wüßtest du gar nicht mehr, wer du bist. Du könntest nicht einschätzen, wie die Menschen in deiner Umgebung auf dich reagieren würden. Du wüßtest nicht, welche Erwartungen sie an dich haben. Was ißt du eigentlich gerne? Welche Freunde passen zu dir? Was ist deine Lieblingsfarbe? Wie möchtest du dich anziehen? Du hast dein Leben lang gelernt, was es heißt 'du' zu sein. Also braucht es eine gewisse Zeit, um zu lernen die Person zu sein, die du sein möchtest. Du mußt dich also von der Person lösen, die andere gerne hätten. Bereits als Kinder lernen wird, wer wir sein sollen. Niemand fragt uns, wer wir sind oder wer wir sein wollen.

„Das ist mein Sohn, er ißt gerne Kartoffeln mit Steak!", sagte der Vater mit stolzer Miene. „Meine Tochter ist eben faul!", sagte die Mutter mit tadelnder Stimme. Solche Sätze werden häufig über Kinder gesagt und wir nehmen diese Dinge mit in unser restliches Leben, wenn wir nicht lernen uns davon zu lösen. Unsere Familie und Freunde erwarten geradezu von uns das wir uns so verhalten, wie sie es gewohnt sind. Sie sehen uns auf eine bestimmte Weise und ihnen klar zu machen, das wir uns verändert haben, ist ungefähr so schwierig, wie uns selbst davon zu überzeugen. Indem wir uns darüber klar werden, welche Erwartungen unser Umfeld an uns stellt, können wir lernen diese loszulassen und uns unabhängig von ihnen entscheiden. Deine Oma fragt dich, ob du ein Stück Kuchen möchtest. Du sagst nein. Sie fragt noch dreimal und du sagst ja. Eigentlich wolltest du doch keinen Kuchen mehr essen, aber jetzt tust du es doch. Du stellst die Erwartung deiner Oma über deine eigenen Bedürfnisse. Wer trifft diese Entscheidung? Du selbst. Du entscheidest dich dafür nachzugeben, anstatt stark zu sein. Lerne Stärke zu zeigen, ohne andere zu verletzten. Lerne Grenzen zu setzen, um deinen eigenen Bedürfnissen Raum zu geben. Menschen sind manchmal sehr einverleibend und erfreuen sich, wenn du ihren Kuchen ißt. Jedoch ist es nicht wirklich was du willst, sondern was dein Gegenüber will. Wenn du den Kuchen ablehnst, fühlt sich deine Oma vielleicht mit ihren Minderwertigkeitskomplexen konfrontiert und antwortet etwas Schnippisches. Von solchen Situationen darfst du dich nicht verunsichern lassen, denn es werden viele solcher Momente entstehen, wenn du beginnst dich zu verändern.

Das Schwierigste an meiner eigenen Veränderung war zu akzeptieren, das ich nun jemand anderes bin und es anschließend den anderen Menschen verständlich zu machen. Ich habe Momente durchlebt, wo ich nicht mehr wußte wer ich eigentlich bin. Wenn ich etwas getan habe, was mein altes Ich niemals auch nur in Erwägung gezogen hätte, kam ich manchmal ganz schön an meine Grenzen. „Wer bin ich eigentlich?", fragte ich mich des öfteren. Denn Veränderung macht nicht halt bei einer Stufe. Wir sind in einem stetigen Prozeß der Wandlung, wenn wir es zulassen. Im Moment weiß ich oft nicht mehr was ich anziehen soll, da ich mich auch im Bereich Kleidung, sehr stark verändert habe. Ich bin lange Zeit sehr auffällig herumgelaufen, mit bunten Farben und Goa-Hosen. Zudem hat man mich seit 2012 eigentlich nur Barfuß gesehen. Ich war dieser Mensch. Christopher Reusch, Barfuß, Bart und lange Haare. Durch meine spirituelle Transformation, hat sich dann einiges in kürzester Zeit geändert. Mir ist aufgefallen, das mein Äußeres mehr eine Art Rebellion, als wirklich ich selbst war. Mich nervte es eigentlich schon seit geraumer Zeit Barfuß zu laufen, besonders im Winter. Ich habe sehr viel Aufmerksamkeit bekommen, welche ich nicht immer wollte. Ich hatte mich so sehr mit diesem Bild identifiziert, das ich es erst jetzt langsam ablegen konnte. Nicht nur das Bild meiner Selbst war dabei entscheidend, sondern auch was die anderen von mir denken würden. Wenn ich jetzt auf einmal wieder Schuhe trage, habe ich dann gelogen? Wer bin ich, wenn ich plötzlich wieder Schuhe trage? Passe ich mich dann an die anderen an? Verrate ich mich nicht selbst, um gemocht zu werden? Ist alles was ich bis jetzt gesagt habe, eine riesige fette Lüge? Nein, ist es nicht. Das einzige was mich davon abhalten könnte etwas zu tun was ich möchte, wäre die Angst. Angst vor Veränderung. Angst nicht gemocht zu werden oder verurteilt zu werden. Ich hatte einen Entschluß gefaßt und der war nach vorne zu blicken. Endlich die Person zu werden, die ich in meinem Herzen trage. Das heißt natürlich nicht, das ich jetzt nicht mehr Barfuß gehen kann. Im Gegenteil. Ich habe jedesmal die freie Entscheidung Schuhe anzuziehen oder nicht. Vorher hatte ich diese Freiheit nicht, da ich so sehr in meinem barfüßigen Ich gefangen war. Mit diesem Schritt kam nämlich etwas Anderes in mein Leben: Die Freiheit, mich von meiner äußeren Erscheinung zu lösen. Ich ging das erste Mal in 10 Jahren zum Friseur und ließ mir die Haare schneiden. Der Bart kam ab und wurde durch einen Schnorres ersetzt. Ich kaufte mir neue Kleidung und einen neuen elektronischen Rasierer. Manche Menschen haben mich nicht mehr erkannt, wenn ich ihnen auf der Straße begegnete. Dies war eine sehr interessante Entwicklung, aber ich fühlte mich besser. Meine Familie hatte zum Glück kein Problem mit meiner äußeren Veränderung, aber es kam zu einigen Reibereien, da sich meine Persönlichkeit ebenfalls verändert hatte. Ich war immer der Hippie, der mit dem Kopf in den Wolken schwebt, oder so haben es manche gesehen. Plötzlich war ich sehr bodenständig und entschlossen. Den Luftikus gab es nicht mehr, sondern aus dem Jungen wurde innerhalb kürzester Zeit ein standhafter Mann. Dies war nur durch Entschlossenheit möglich. Ich war entschlossen, meinen eigenen Weg zu gehen und nicht mehr den Weg der Erwartungen. Ich habe Freunden, welche zu sehr an meinem alten Ich festhielten, den Laufpaß gegeben. Manchmal war ich mir selbst nicht sicher, was ich eigentlich tue. Erst jetzt habe ich erkannt, das ich mich von manchen Menschen trennen mußte, um meinem neuen Ich Raum zum Wachsen zu geben.

Der wichtigste Leitsatz den ich aus meiner Veränderung mitgenommen habe ist der folgende:

Moment mal! Ich möchte an dieser Stelle noch einmal betonen, das dies der wichtigste Leitsatz ist, den ich aus meiner Veränderung mitgenommen habe.

Habe ich auch schon erwähnt, das gleich der wichtigste Leitsatz überhaupt über deine Augen huschen wird?

Zum Glück habe ich meinen Humor nicht zurückgelassen.

Also, wo war ich? Ach ja, der Leitsatz:

„Es sind unsere Taten, die Zeigen wer wir wirklich sind."

Ich habe früher sehr viel geredet. Sehr viel. Ich konnte und wollte nichts für mich behalten und ebenso hielt es mein Umfeld. Es wurde geredet und geredet. Ängste, Sorgen, Emotionen, Meinungen, Geheimnisse und vieles mehr, wurde ständig in Worte verwandelt. Bis die große Zeit des Schweigens kam. Ja, ich schwieg. Ich wurde mir darüber bewußt, das Worte Energie kosten und ich ging sorgfältiger damit um. Ich merkte auch, das wenn ich anderen von meinem Vorhaben erzählte, sie es oft mit Negativität und Zweifel fütterten. Wenn ich nachts alleine in den Wald gehe, weiß ich genau was ich tue. Erzähle ich meiner Mutter davon, wird sie mir sagen, das ich vorsichtig sein soll und das ich aufpassen soll. Sie wird sich Sorgen machen, was gleichbedeutend mit Angst ist. Es gibt nämlich die Sorge die vertraut und die, die Nachts nicht schlafen kann, weil sie Angst hat. Dieses Verhalten hat Einfluß auf meine Erfahrung, weil mir Gedanken in den Kopf gepflanzt werden, die nicht meine sind. Stell dir vor, du hast ein besonders gutes Gefühl bei der nächsten Lottoziehung. Du bist dir ziemlich sicher, das du gewinnen wirst. Dann gehst du los und erzählst deinen Freunden oder deiner Familie davon. Ihre Reaktion wird unterschiedlich sein, aber manche werden dir sagen, das du eh nicht gewinnen wirst. Lotto ist doch eh nur Abzocke, werden einige sagen. Diese Gedanken lassen dich langsam aber sicher zweifeln. Ich denke du verstehst warum ich mich entschied zu schweigen. Ich lernte also meine Entscheidungen selber zu treffen und mir keine Ratschläge mehr einzuholen. Dies gab mir mehr Sicherheit. Ich lernte mich ausschließlich auf mich selbst zu verlassen und spürte, wie ich langsam aber sicher ein anderer Mensch wurde. Ich begann mich selbst neu zu erschaffen, indem ich mich von Verhaltensweisen löste, welche nicht mehr paßten. Sie waren zu klein geworden für mich und ich streifte sie ab. Mein Schweigen sorgte ebenfalls für Konflikte. Manche Menschen kamen nicht damit klar und versuchten mir Informationen, unter dem Deckmantel der

Sorge, zu entlocken. „Was machst du eigentlich die ganze Zeit?" „Wo warst du?" „Du erzählst ja gar nichts mehr, ich weiß nicht was du so treibst!" Meine Antwort war recht simpel, denn mehr gab es nicht zu sagen. „Ich möchte nicht mehr so viel reden!"; oder: „Das möchte ich dir nicht sagen!". In zwei Situationen brach ein Streit vom Zaun, weil ich mich nicht mehr so verhielt wie früher. Ich denke, das dies nicht abwegig ist, denn jeder Mensch geht mit Veränderung anders um. Ich wollte meiner Familie auch nicht den Rücken zukehren, wie ich es mit dem ein oder anderen Freund getan hatte, also versuchte ich eine diplomatische Lösung zu finden. Dafür war manchmal Streit notwendig, denn Spannungen lösen sich manchmal mit einem Knall. Jedoch wußte ich zu jeder Zeit genau, was ich zu tun hatte. Ich sprach Themen oder Probleme an oder forderte ganz gezielt heraus, um Hindernisse aus dem Weg zu schaffen. Eine Fähigkeit, die auch mit meiner spirituellen Transformation kam. Ich verstehe mich besser denn ja darauf Menschen und ihre Absichten zu erkennen. Ich lese manchmal in den Verhaltensweisen von meinem Gegenüber, wie in einem Buch. Sie selber sind sich gar nicht bewußt darüber, was und wieso sie Dinge tun. Ich erkenne es, habe aber auch gelernt es meistens für mich zu behalten. Kaum jemand mag es, wenn wir mit dem Finger auf ein Problem deuten. Denn wüßte die Person, das sie sich so verhält, würde sie es vermutlich nicht mehr tun. Das heißt sie lügen sich eigentlich selber an.

So viel dazu. Ich werde nun in den nächsten Abschnitt überleiten. Viel Spaß.

a - Erwartungen

Bohoho. Dieser Abschnitt brauchte tatsächlich eine eigene Überschrift. Eigentlich dachte ich, ich spreche nur kurz über Veränderung. Na ja. Eigentlich dachte ich auch, dieses Buch wird sehr kurz werden. Ich hatte eigentlich nie vor so viel Inhalt in ein einziges Buch zu packen. Wer hatte das nie vor? Ich? Oder ein Teil von mir, welcher mittlerweile nicht mehr existiert? Hatte ich vielleicht nie vor so ein langes Buch zu schreiben, weil ich Angst hatte? Angst nicht genug sagen zu können?

Angst, das dieses Buch keinen Gefallen finden wird? Tatsächlich habe ich mich gefragt, was dem Leser gefallen wird? Zu anfangs habe ich kaum etwas aufs digitale Papier gebracht. Warum? Weil ich zu sehr damit beschäftigt war zu überlegen, was der Leser lesen möchte. Was erwartet jemand, der dieses Buch kauft? Wird er enttäuscht sein, wenn er es liest? Was passiert, wenn es die Erwartungen nicht erfüllt? Diese Gedanken haben mich blockiert und meinen Schreibfluß gehemmt. Ich bleibe im Grunde auf dem jetzigen Punkt stehen und bin unfähig zu handeln. Was möchte jeder einzelne von euch hier hören? Nun, eigentlich geht es ja vielmehr darum, was ich zu sagen habe, als was du hören möchtest. Denn wenn ich in diesem Buch schreibe was die Leserschaft hören möchte, dann werde ich entweder mich selbst verraten oder niemals anfangen. Ihr kennt doch sicher einige Beispiele von Musikern, welche ganz klein angefangen haben. Anfangs ging es hauptsächlich darum, genau das zu tun was sie gerne machen. Einfach nur Musik, genauso wie sie es wünschen. Kaum jemand hörte ihnen zu, also war es leicht einfach nur die Musik zu machen die ihnen gefiel. Dann auf einmal kommt dieser alles verändernde Hit. Jeder kennt ihren Namen und die Fans wollen mehr von ihnen hören. Auf einmal wollen Menschen Autogramme und Informationen über die Band. Was machen sie in ihrer Freizeit? Wann kommt das nächste Album? Die Masse erfreut sich an dem, was die Band so macht. In der Laufbahn eines Künstlers kommt dann häufig der Punkt, wo sich etwas verändert. Der Mainstream saugt sie ein und sie machen auf einmal Dinge, welche sie vorher nicht getan haben. Aus meiner Sicht verraten sie sich. Sie geben den Menschen, was sie haben wollen. Aber nicht allen Menschen, sondern der breiten Masse. Die Breite Masse will vielleicht Popmusik. Dabei ist das, was die Band berühmt gemacht hat, nicht das was sie den Leuten geben wollten, sondern das was sie gerne gemacht haben. Großartige Künstler machen ihre Kunst ausschließlich für sich selbst. Sie erfreuen sich daran und verdienen Geld damit, das andere Menschen ihre Kunst zu schätzen wissen. Der Sänger einer Band, welche auch als 'Königin' bekannt wäre, wenn man sie auf Deutsch übersetzt, startete eine Solokarriere. Er dachte, das er den Rest der Band nicht mehr braucht und das die Leute nur ihn wollen. Natürlich hat er sich verführen lassen. Es ist ihm zu Kopf gestiegen. Letztendlich erkannte er jedoch, das es nicht das war, was er selber wollte. Er wollte seine Familie, seine Freunde und er wollte geliebt werden. Die Menschen in unserer Umgebung wollen ständig etwas von uns, auch wenn sie es nicht aussprechen. Auch sie wollen geliebt werden.

Stell dir eine Situation aus deinem Leben vor. Vielleicht beim Abendessen mit deiner Familie. Ich habe meine Ernährungsweise umgestellt auf vegan. Bis ich es jedoch vollständig geschafft hatte, mit Sicherheit zu sagen, das ich mich vegan ernähre hat einige Zeit gedauert. Ein Grund war, das ich gefallen wollte. Jedesmal wenn ich am Eßtisch sitze und meine Familie etwas ißt, spüre ich die Erwartungen, das ich etwas von den Speisen esse, welche andere zubereitet haben. Ich kann mich sehr gut an eine Situation erinnern, in welcher mir sehr schnell klar geworden ist, wie sich diese Dinge verhalten. Es ist noch nicht allzu lange her und ich war bereits sehr gefestigt in meinem Bewußtsein. Eine Person die mir nahe steht, hatte Geburtstag und da ich kein Gluten mehr esse hatte sie glutenfreie Muffins gemacht. Jedoch ging es mir nicht nur um das Gluten, sondern auch um Zucker und Eier. Ich habe die Entscheidung getroffen, das ich diese Dinge nicht mehr essen möchte, außer mir ist wirklich danach. Die Person teilte mir mit, das die Muffins glutenfrei seien und ich deshalb welche essen könnte. Zunächst einmal sagte ich, das ich es mir überlegen würde. Ich spürte die Erwartungen die an mich gerichtet wurden, auch wenn die Person es nicht aussprach. Es hat etwas mit Energie zu tun, welche ein Mensch aussendet und im Laufe meiner spirituellen Entwicklung, wurde ich immer feinfühliger für solche Dinge. Ich war also kurzzeitig unentschlossen. Einerseits wollte ich gefallen und andererseits wollte ich diese Muffins nicht essen. Früher hätte ich einfach nachgegeben, die andere Person glücklich gemacht und die Muffins gegessen. Nicht so in diesem Fall. Ich faßte den Entschluß und mit der Vorahnung, das die besagte Person es nicht gut aufnehmen würde, ging ich auf sie zu. Ich sagte ganz höflich, das ich mich entschieden hatte die Muffins nicht zu essen, weil ich es nicht möchte. Ich hatte ja bereits erwartet, das die Person es persönlich nehmen würde. Sie sagte nämlich einige Sekunden später: „Boah Chrissie, du stinkst!". Auch wenn sie daraufhin versuchte, diese verletzenden Worte zu mildern indem sie,

„Ich meine du riechst stark nach Weihrauch!", sagte, hatte sie mich bereits verletzt. Ich verließ das Zimmer und ging auf Toilette. Ich wollte nicht aus meinem Schmerz antworten, um sie nicht ebenfalls zu verletzen. Also ging ich kurz in mich und überlegte, wie ich reagieren sollte. Ich fühlte in mich hinein und entschied mich, das ich nicht möchte das jemand so mit mir umgeht. Wenn ich jetzt schweige, dann verrate ich mich selbst, dachte ich. Also blieb mir nur eine Wahl: Ich mußte der Person meine Gefühle mitteilen, um ihr zu zeigen wie sehr mich ihre Worte verletzt hatten. Ich ging zurück in die Küche und teilte ihr ganz ruhig mit, das mich ihre Worte verletzt hatten. Was nun geschah war ebenfalls absehbar. Sie warf mir vor die Situation zu stark zu durchdenken. Es sei ja gar nicht so schlimm und ich sollte mir nicht ständig so viele Gedanken machen. Sie war nicht in der Lage meine Worte anzunehmen, weil sie keine Schuld haben wollte. Vermutlich wußte sie, das es falsch war so etwas zu mir zu sagen, aber aus Angst etwas falsches gemacht zu haben, versuchte sie die Schuld auf mich zu schieben. Ich drehte mich um und sagte zu ihr, das ich ihr lediglich meine Gefühle mitteilen wollte und das sie es annehmen könne oder nicht. Einige Minuten Später war ich in meinem Zimmer. Die Person kam zu mir ud fragte, ob ich mich zu den anderen an den Tisch gesellen wolle oder lieber nicht. Ich warf ihr ihr Verhalten nicht vor, da ich wußte das sie es eigentlich nicht böse gemeint hatte. Es hatte sie im Grunde getroffen, das ich ihre Muffins nicht essen wollte. Aus Angst nicht genug zu sein, empfinden wir Schmerz wenn jemand etwas von uns nicht annehmen möchte. Wir denken dann, wir hätten etwas falsch gemacht oder es ist unsere Schuld, das die Person es nicht möchte. Wir nehmen es persönlich. Ich setzte mich an den Tisch. Während ich dort saß, spürte ich immer noch die Erwartungen, etwas von den angerichteten Süßspeisen zu mir zu nehmen. Ich widerstand dem Drang, der sowohl von außen, als auch von innen entsteht. Einmal durch die Erwartung der anderen und einmal durch meinen eigenen Wunsch akzeptiert zu werden.

Auch beim Schreiben dieses Absatzes frage ich mich, ob ich ihn so lassen soll? Ist es sinnvoll das alles zu schreiben? Versteht ihr mich? Wieso schreibe ich jetzt 'ihr' und nicht 'du'? Alle diese Dinge sind kleine Steine auf unserem Weg. Diese Steine zu erkennen, ermöglicht es uns sie aus dem Weg zu räumen und leichter voranzukommen. Ein weiteres Beispiel wäre Alkohol oder jede andere Sache die in Gruppen gemacht wird. Es hat mich Jahre gekostet, bis ich wirklich entschlossen „NEIN!" sagen konnte, wenn meine Freunde mich dazu bringen wollten Alkohol zu trinken. Ich wußte schon lange, das ich eigentlich keinen Alkohol mehr trinken wollte, aber den Entschluß faßte ich erst im Alter von 27 Jahren. Das ganze verhält sich nämlich folgendermaßen: Eine Gruppe findet Bestätigung durch ihre Mitglieder. Wenn alle Alkohol trinken, ist es scheinbar in Ordnung dies zu tun. Wenn es eine Person gibt, die keinen Alkohol trinkt, verunsichert es die anderen. Jemand zeigt ihnen, das er auch ohne Alkohol Spaß haben kann. Er repräsentiert jemanden mit einem starken Willen. „Wieso schaffe ich es nicht, ‚Nein!' zu sagen?", wird sich die Person insgeheim fragen. Natürlich gibt dies kaum jemand zu, denn dann würde er sich ja völlig entblößen. Dieses Verhalten entsteht, da wir uns mit der Gruppe identifizieren. Die Gruppe kann ein Freundeskreis oder die Gesellschaft sein. Die meisten Menschen wollen mit der Masse schwimmen, um das Gefühl zu haben dazuzugehören. Es gibt jedoch auch Menschen, welche oft als Außenseiter oder Rebellen gelten. Sie fallen auf. Positiv oder negativ. Manche Menschen denken, sie müßten sich völlig in schwarz kleiden oder sich am ganzen Körper tätowieren, um sich von der Masse abzuheben. Jedoch finden auch diese Rebellen meistens eine Gruppe, in der sie sich wohl fühlen, was am Ende den gleichen Effekt hat. Wir ordnen uns zwar woanders ein, aber im Grunde haben wir immer noch Angst, nicht gemocht zu werden. Die Linken finden dann die Rechten blöde und alle anderen finden die Linken UND die Rechten blöde. Am Ende siegt vermutlich die Mitte, denn von denen gibt es schließlich mehr als genug.

Ich hoffe mal ich habe einigermaßen verdeutlicht, was es mit den Erwartungen so auf sich hat und wieso wir so erpicht darauf sind, Erwartungen zu erfüllen oder das andere unsere Erwartungen erfüllen. Im Grunde wollen wir akzeptiert werden wie wir sind. Das Problem entsteht, wenn wir uns zu sehr anpassen, um dies zu erreichen. Wir verstecken uns und versuchen die Erwartungen von vielen verschiedenen Menschen zu erfüllen. Meistens geht dies nicht sehr lange gut. In Beziehungen zum Beispiel ist es meistens der Fall, das man sich so sehr wünscht geliebt zu werden, das man zu Anfangs all die Dinge gut findet, die der andere mag. Nicht jeder ist so, aber viele von uns. Plötzlich hören wir Musik, welche wir vorher nicht gehört haben. Wir werden zu der anderen Person und verlieren uns in ihr. Irgendwann jedoch kommt der Punkt, an dem sich etwas in uns dagegen wehrt. Je länger diese Beziehung dauert, desto gereizter werden wir vermutlich. Plötzlich haben wir keine Lust mehr Rock zu hören. Wir möchten lieber Dinge mit anderen machen oder die Musik hören, die wir eigentlich mögen. Wir schaffen es nicht die Fassade aufrecht zu erhalten, denn sie ist nicht echt. Es ist anstrengend jemanden zu spielen der wir eigentlich nicht sind, denn tief in uns drin wissen wir, das es eine Lüge ist. Manchmal dauert es ein paar Wochen und manchmal ein paar Jahre, aber irgendwann sind wir so gereizt, das wir explodieren. Wir können uns nicht länger etwas vormachen. Jetzt kommt der Teil, wo wir die Schuld bei den anderen suchen. Plötzlich fallen uns all die Dinge auf, die uns an der anderen Person stören. Ständig tut er dieses oder jenes. Uns stört plötzlich wie laut jemand kaut oder wie er geht. Alles was unser Partner, oder wer auch immer macht, ist plötzlich nervig. Eigentlich stören wir uns selbst. Doch meistens sind wir nicht dazu fähig, das Problem bei uns zu sehen, denn dann müßten wir uns ja eingestehen, das wir etwas falsch gemacht haben. Unser Bedürfnis zu gefallen, läßt dies nicht zu. Einen Fehler zu machen bedeutet, nicht gut genug zu sein und das versuchen wir ja unter allen Umständen zu vermeiden. Wir projizieren also unsere eigenen Probleme auf die Außenwelt und schaffen es so einmal mehr, wegzusehen. Richtig wäre an dieser Stelle nach Innen zu schauen und zu ergründen warum uns etwas stört.

Dieser Abschnitt sollte ja von den Erwartungen handeln und nicht so sehr von allem Anderen. Deshalb lasse ich es jetzt gut sein und spreche lieber darüber was passiert wenn wir beginnen Dinge loszulassen.

Einen Moment noch. Anscheinend war es für heute Nacht genug über dieses Thema zu schreiben, jedoch sind mir da doch noch ein paar Gedanken in den Sinn gekommen. Schön ist es natürlich, wenn die Erwartungen übertroffen werden. So kann ich dich jetzt vielleicht mit ein wenig mehr Inhalt zu dem Thema behelligen. Tatsächlich möchte ich nun, genau an dieser Stelle einen Abschluß schaffen. Ein Abschluß für Dich. Schließe mit den Erwartungen anderer ab. Lerne sie zu erkennen und lerne vor allem herauszufinden, was du selber möchtest. Erwartungen werden Menschen immer haben. Die Frage ist jedoch nicht welche Erwartungen andere an uns stellen, sondern was du eigentlich willst. Indem du zunächst einmal beobachtest und dabei feststellst, wie viele Erwartungen andere Menschen unausgesprochen haben, kannst du beginnen dich davon zu lösen. Denn wenn du einmal mit diesem Buch durch bist, oder auf anderem Wege gelernt hast deinen eigenen Weg zu gehen, wirst du dich verändert haben. Schon das Lesen dieser Zeilen kann eine Veränderung herbeiführen. Doch was bedeutet eine jede Erkenntnis die du haben wirst? Ja, was bedeutet sie wohl? Nun, ich kann dir dazu etwas sagen und da ich dich nicht noch länger ärgern möchte, werde ich dies jetzt auch tun. Wenn du erkannt hast, das deine Handlungen bis jetzt und die Handlungen fast aller Menschen, durch Erwartungen von außen entstehen, dann klopft die Freiheit an deine Tür. Durch diese Erkenntnis bist du nun befähigt, eine freie Entscheidung zu treffen. Denn das ist das Geschenk des freien Willens. Du bist in der Lage frei zu wählen, was du tun möchtest. Fügst du dich den Erwartungen anderer, oder gehst du deinen eigenen Weg? Einen Weg des Friedens und einen Weg der Liebe? Dies ist eine Entscheidung. Auch Veränderung ist eine Entscheidung. Möchtest du so bleiben wie du jetzt bist, oder entscheidest du dich für die Veränderung. Alles im Leben kannst du entscheiden. Möchte ich jetzt fasten oder lieber essen? Möchte ich Menschen erlauben mich zu benutzen oder möchte ich Grenzen setzen und mich persönlich entfalten? Wir glauben immerzu das wir keine Wahl haben. Gerade jetzt glauben wir, das wir Masken tragen müssen oder uns vielleicht impfen lassen müssen. Die Gesellschaft meint uns in eine Ecke drängen zu können, indem sie uns mit Strafen droht. Wir fühlen uns machtlos und ordnen uns unter. Wir tun was uns gesagt wird und haben Angst vor den Konsequenzen. Jedoch ist es unsere freie Entscheidung, ob wir die Unterdrückung oder die Freiheit wählen. Ist es wirklich in Ordnung uns zu zwingen Masken zu tragen und mit Vorteilen für geimpfte zu drohen? Ist es wirklich in Ordnung das Polizisten nun bei dem Verdacht auf mehr als 3 Haushalten in einem Gebäude, sich gewaltsam Zugang verschaffen dürfen? Ist es das? Ich denke nicht. Ich denke, das es nicht in Ordnung ist wenn wir uns so stark kontrollieren lassen. Ich empfinde es als Frechheit, das der Staat dies überhaupt in Erwägung zieht. Ich dachte eigentlich wir hätten aus dem 2. Weltkrieg gelernt. Statt einem Judenstern gibt es wohl jetzt einen neuen Impfpaß. Ich persönlich bin auch der Meinung, das der Staat nur Empfehlungen erteilen kann. Er kann mir zum Beispiel empfehlen, nicht mehr als 3 Haushalte in mein Heim zu lassen. Jedoch finde ich, das wir dem Staat nicht die Befugnis geben sollten es uns vorzuschreiben und uns zu zwingen seinen Regeln zu folgen. Jeder hat das Recht frei zu entscheiden und seine Meinung zu äußern, so sagt man doch in Deutschland. Deutschland, eine Demokratie? Dieses Wort ist so überholt, es lohnt sich gar nicht mehr es zu verwenden. Meinungsfreiheit im eigentlichen Sinne gibt es in unserem Land schon lange nicht mehr, beziehungsweise es hat sie vermutlich nie wirklich gegeben. Umso wichtiger ist es, das jeder einzelne von uns herausfindet, was er möchte und danach handelt. Jeder einzelne von uns muß eine Entscheidung treffen, für die Freiheit oder für die Unterdrückung. Die Erwartungen der Masse sind ein Resultat der Angst. Sie folgen blind den Befehlen der Kontrolleure. Ich persönlich möchte kein Schaf sein. Ich möchte nicht schlafen und mich in eine Ecke drängen lassen. Ich möchte meine Meinung äußern und ich möchte dies frei und ohne Konsequenzen tun können. Ein Land, das die Meinung seiner Bürger nicht hört und Demonstrationen verbietet, ist ein Land was ich nicht möchte. Jedoch sind hier meine Wurzeln und meine Familie und deshalb ist es meine Pflicht etwas zu unternehmen. Ich stelle mich meinen Ängsten, indem ich dieses Buch schreibe. Ich sage was gesagt werden muß und tue was getan werden muß, um meinen zukünftigen Kindern und den kommenden Generationen eine bessere Zukunft zu sichern. Veränderung kommt nicht, indem wir an Altem festhalten, sondern indem wir es loslassen. Schön nicht? Hier haben wir doch gleich eine Überleitung zum nächsten Thema. Besser hätte ich es nicht planen können. Ein hoch auf die Spontaneität und die Ehrlichkeit. Zögere nicht deine Meinung zu äußern und dich von den Erwartungen anderer zu lösen. Aber achte immer darauf, das dabei niemand zu schaden kommt. Es mag sein, das du nun wütend wirst auf alle Menschen die Erwartungen an dich haben, aber bedenke bitte das du es warst, der sich bis jetzt dafür entschieden hat, diese Erwartungen zu erfüllen. Und warum? Weil du geliebt werden möchtest. Fange nun an dich selbst zu lieben und schenke den Menschen in deiner Umgebung ebenfalls Liebe. Das heißt nicht, das du jetzt alle Leute auf der Straße umarmen sollst. Du mußt sie nicht mal grüßen. Es reicht schon, wenn du einfach dein Herz öffnest und dein Licht in die Welt heraus strahlst. Ich schweife schon wieder ab, aber auch das ist manchmal nötig!

p.s. ich habe sehr häufig das Bedürfnis einen Smiley zu setzen, unterdrücke diesen Impuls jedoch bewußt. Wieso? Ich weiß es nicht. An dieser Stelle soll gesagt sein, das ich ihn nicht unterdrücken werde. Freue dich über zwei Satzzeichen, welche ein Gefühl vermitteln können

:)

b - Loslassen

Was bedeutet es eigentlich loszulassen? Man hört dies des öfteren und ich selbst eingeschlossen, hatte lange Zeit überhaupt keinen blassen Schimmer, was das bedeuten soll. „Laß doch einfach los!", könnte ich jetzt dramatisch zu einer verzweifelten Mutter sagen, die ihr Kind vor 10 Jahren verloren hat. „Du mußt loslassen!", wird manchmal einfach so daher gesagt. Jedoch ist es keineswegs leicht, loszulassen und dennoch ist es unglaublich wichtig, genau dies zu tun. Wie kann man etwas loslassen und was sollte man überhaupt loslassen? Wichtige Fragen, welche man nicht innerhalb von ein paar Augenblicken beantworten kann. Loslassen braucht Zeit und viel harte Arbeit. Dabei rede ich nicht von der Arbeit, die du jetzt vermutlich denkst. Es geht nicht darum, Geld zu verdienen oder ein schnelleres Auto zu fahren. Es geht darum sich selbst zu transformieren und zu der Person zu werden, die man sein möchte. Ich persönlich habe in meinem Leben so viel losgelassen, das es mich mittlerweile erschreckt, wie leicht es mir manchmal fällt Dingen den Rücken zu kehren. Klar, manchmal fällt es mir auch noch schwer, aber meine Erfahrungen erlauben es mir, die richtige Entscheidung zu treffen und einfach weiter zu machen. Was mir dabei hilft ist eindeutig mein Ziel. Jeder Mensch hat ein Ziel, eine Aufgabe oder etwas was ihm am Herzen liegt. Nicht jeder weiß, was genau dies ist, aber jeder kann es herausfinden. Ohne dieses Ziel weißt du nicht, wieso du überhaupt arbeiten sollst. An dir arbeiten. Nach innen gehen und sauber machen. In uns ist ein Labyrinth und dieses Labyrinth gilt es zu erkunden. Doch braucht dies ein wenig Übung. Oder vielleicht viel Übung. Vor allem aber braucht es Fokus und Mut. Veränderung beginnt mit einer Entscheidung. Eine Entscheidung, welche dein ganzes Leben verändern wird.

Es fängt schon bei einfachen Dingen an. Wirf einen Blick in deinen Kleiderschrank und frage Dich, was du seit einem Jahr nicht mehr angezogen hast. Es ist ein Teil aus deiner Vergangenheit. Etwas das Erinnerungen weckt und etwas, mit dem du dich verbunden fühlst. Kannst du es jetzt einfach so nehmen und wegwerfen? Oder verschenken, verkaufen oder auf welche Art auch immer loslassen? Manch einem mag dies leicht fallen, aber den meisten Menschen fällt es unglaublich schwer, sich von etwas zu trennen. Du kannst lernen dich zu trennen und loszulassen, indem du es zunächst mit einfachen Dingen übst. Alles auf einmal ist für den ein oder anderen möglich, aber für viele ist es besser, klein anzufangen und sich dann mit den Gefühlen und Emotionen die dabei entstehen, auseinanderzusetzen. Wieso genau zögerst du? Was hält dich fest an diesem Pullover, dieser Tasse oder diesem Haargummi? Gehörte es mal deiner Exfreundin oder deinem verstorbenen Ehemann? Fällt es uns schwer loszulassen, bleiben wir auf der Stelle und sehen ständig zurück. Die Vergangenheit hält uns fest und wir können nicht nach vorne blicken. Immer wieder fühlen wir uns zurückgezogen an einen Ort, eine Situation, einen Menschen oder eine Emotion. Wut, Liebe, Schmerz, Ekel, Ärger, Zorn, Geborgenheit oder ähnliches. Indem du lernst dich zu trennen und diese Dinge hinter dir zu lassen, löst du ihre Fesseln auf und befreist dich von dem was dich festgehalten hat. Die meisten Verletzungen die wir mit uns herumtragen stammen aus unserer Kindheit. Vielleicht hat dich dein Vater einmal geschlagen? Du wurdest in der Schule gehänselt, oder du hast ständig das Gefühl nicht gut genug zu sein. Andere erscheinen dir immer als besser und schöner und klüger. Die Menschen in deiner Umgebung erzählen dir, wie toll du bist, aber die Worte dringen nicht zu dir durch. Du nickst zwar, aber eigentlich glaubst du die Worte nicht wirklich. JA ABER. SO EIN SCHWACHSINN. WAS WEIß ER DENN SCHON? WAS QUATSCHT ER/SIE DENN DA? WAS HAT DAS MIT MIR ZU TUN?

Kommen dir diese Gedanken bekannt vor? Diese Glaubenssätze gehören zu einem Teil von dir, der einmal eine Verletzung erfahren hat. Leider glauben wir, das wir selbst unsere Gedanken sind, tatsächlich sind Gedanken aber nur ein Teil von uns, welcher uns zeigt was in uns verborgen liegt. Sie definieren uns nicht, aber sie können uns in die Irre führen. Sie halten und gefangen in unserem Schmerz und in der Vergangenheit. An dieser Stelle können wir Befreiung finden, indem wir loslassen. Alte Wunden aufarbeiten und gestärkt in die Zukunft schreiten. Eine Schnittwunde ist mit dem bloßen Auge leicht zu erkennen. Eine emotionale Wunde ist dies zunächst nicht, da wir nicht gelernt haben, in unser Innerstes zu blicken. Mit etwas Übung wirst du feststellen, das du beginnst diese inneren Wunden zu erkennen und lernst, wie du sie heilen kannst. In der Theorie klingt all dies sehr rosig, aber tatsächlich erfordert es eine Menge Mut und Kraft. Das Gute ist, das wir es nicht alleine tun müssen und das es gewisse Hilfsmittel gibt, die uns auf diesem Weg helfen können. Im Verlauf dieses Buches habe ich dir einige Anregungen gegeben, die dir dabei helfen können, genau das zu tun. Doch wer bist du, wenn du auf einmal keine Schmerzen mehr hast? Ich persönlich habe mich lange Zeit mit der Person identifiziert, welche im ständigen Auf und Ab gelebt hat. Höhen und Tiefen. Ich habe erkannt, das es unglaublich schwierig ist, von jetzt auf gleich jemand anderes zu sein. Gerade eben war ich noch zornig und habe eine Person die mir nahesteht, angeschrien. Wie kann ich dann urplötzlich aus meinem Zimmer kommen und mich mit einem Lächeln entschuldigen? Gestern habe ich noch Fleisch gegessen, also ist es doch nicht glaubwürdig, wenn ich von heute auf morgen Veganer bin, oder? Mein Leben lang habe ich vielleicht Wut für meine Eltern empfunden, weil sie mich nicht so behandelt haben, wie ich es mir gewünscht hätte. Also wie kann ich diesen Schmerz loslassen und meine Eltern bedingungslos lieben? Häufig treffen wir die Entscheidung, aber merken, das es eine Weile dauert, bis wir es wahrhaftig hinter uns lassen können. Eine vergangene Beziehung braucht eine Weile, um verheilt zu sein. Die Person die wir damals waren, bleibt noch eine Zeit lang bei uns, auch wenn wir die Entscheidung treffen nach vorne zu blicken. Wenn ich nach einer spirituellen Arbeit Emotionen oder Erlebnisse neu erfahren und losgelassen habe, dauert es mehrere Wochen, bis ich die Wunde nicht mehr spüre. Nachdem wir den Schmerz loslassen, braucht es Zeit, damit die Wunde heilen kann. Und manchmal tun Narben eine Zeit lang weh, auch wenn die Wunde schon seit einigen Monaten verheilt ist. Dabei ist es wichtig sich immer wieder bewußt zu machen, das wir die richtige Entscheidung getroffen haben und das wir nach vorne blicken und nicht mehr zurück. Wir lassen die Wunde in Ruhe verheilen. Stochern wir ständig darin herum, wird sie immer wieder aufgehen und wir können nicht vollständig genesen.

c - Neubeginn

Was ist Genesung und was ist Heilung? Es bedeutet sich von den Erwartungen zu lösen und aufzusteigen in eine bessere Zukunft. Lassen wir los, können wir unser volles Potential entfalten und uns selbst als Lichtwesen betrachten. Dazu ist es notwendig, vorher durch all unsere Ängste und das, was uns zurück hält zu gehen und uns zu reinigen. Wie genau das funktioniert, kannst du in diesem Buch erfahren. Arbeite an dir selbst und erkenne wer du wirklich bist. Das ist das Geschenk Gottes, wonach die Kinder des Lichts ständig suchen. Finde dich selbst und lasse los. Löse dich von allem, was dich festhält, denn nur so kannst du deinen inneren Heiler wecken und eine Welt erschaffen die nicht mehr von Angst regiert wird, sondern in der die Liebe wohnt und allen Lebewesen zu Teil wird. Mein Name ist Christopher Reusch und ich bin dankbar für jede Lektion die ich auf meinem Weg erfahren durfte. Dankbarkeit ist der Schlüssel zum glücklich sein. Alles was du brauchst ist schon da, du mußt es nur erkennen. Mit diesen Worten überlasse ich dich dir selbst. Lerne, erfahre und werde zu dem, der du wirklich bist!

Angst erleben

Wenn ich im Internet nach der Definition von dem Wort 'erleben' gucke, dann erhalte ich in etwa das Folgende:

„Erleben bedeutet etwas, das erfahren werden kann oder muß. Es bedeutet, etwas mitzumachen oder durchzumachen."

Das Leben soll gelebt werden. Nur die Angst zu sehen ist ein Trugschluß, welcher auf falschen Glaubenssätzen und dem Leitbild der Gesellschaft beruht. ANGST, ANGST, ANGST. Ihr alle sollt Angst haben, sonst werdet ihr nicht kaufen. Treibt sie in die Kaufhäuser! Treibt sie zu den Impfstationen! Treibt sie zu den Ärzten! Treibt sie in den Sarg!

Öffne deine Augen und sieh selbst, wie voll die Welt von Angst ist. Du brauchst nur aus dem Fenster sehen und die Angst wird dir ins Gesicht lachen. Schaue eine Werbung. Beobachte die Menschen. Beobachte dich selbst. Betrachte dich im Spiegel. Wirf einen Blick in die Zeitung. Angst umgibt uns und Angst macht uns krank. Angst ist im Außen sowie im Innern. Angst ist die Basis der meisten Probleme. Der Gegenspieler der Angst, ist die Liebe. Das Klischee-Wort schlechthin, was dank dem Kitsch heutzutage keiner mehr ernst nehmen kann. Du könntest genausogut rosa Plüschpantoffeln tragen, bevor du anfängst, den Menschen von der Liebe zu erzählen. Spätestens der Valentinstag hat aus der Liebe etwas gemacht, was nach Schokopralinen und schnulzigen Liedern klingt. Liebe ist mittlerweile zu etwas geworden, was nichts mit der Realität zu tun hat. Mir ist es wichtig dies hier zu schreiben, da genau eine Sache mich dazu verleitet hat, dieses Buch zu schreiben. Die Angst hat mich erkennen lassen, was verkehrt ist in dieser Welt. Die Liebe hat in mir den Wunsch geweckt, etwas daran zu ändern. Die Liebe ist das, was mich dazu bewegt morgens aufzustehen. Sie ist das, was mich davon abhält anderen Menschen wehzutun oder sie anzuschreien. Die Liebe ist das, was mich zu einem besseren Menschen macht.

Angst erleben wir jeden Tag, ohne Unterlaß. Liebe ist Mangelware geworden, in einer Welt, die sonst jedes erdenkliche Konsumgut vermarktet hat. Liebe kann man nicht vermarkten. Liebe ist was sie ist. Liebe ist unbestechlich. Liebe vergibt. Liebe verzeiht. Liebe ist der Wunsch, die Welt zu verbessern. Liebe ist der Glaube an sich selbst.

Liebe ist....finde es selbst heraus und transformiere die Angst in deinem Leben. Am Ende wartet eine Erkenntnis, die dein Leben verändern wird.

Abschluß

Das Ende, der Anfang, der Neubeginn und das, was hinter uns liegt. Alles ist irgendwie miteinander verbunden und doch eigenständig. Ein Abschluß. An dieser Stelle möchte ich meinen Dank aussprechen.

Danke zunächst einmal, das du bis hierher durchgehalten hast. Auch wenn du diesen Teil zuerst liest, danke ich dir, das du ungeduldig warst und wissen wolltest, was ich abschließend zu sagen habe. Manchmal ist es gut zu wissen wie etwas endet, um anzufangen. Dieses Buch endet so wie es angefangen hat, mit Gott. Ohne meinen Glauben wäre ich niemals so weit gekommen. Deswegen schreibe ich diesen Teil bevor ich die letzten Teile dieses Buches vollende. Danke himmlischer Vater, das du immer da bist für mich und mir hilfst das Richtige zu tun. Die Wahrheit zu sagen ist nicht immer einfach, aber gerade jetzt ist es wichtiger denn je das wir unsere Stimme nutzen, um genau das zu tun. Viele Menschen reden viel, aber tun wenig. Wie ich schon mehrfach in diesem Buch sagte, definieren unsere Taten wer wir sind, nicht unsere Worte. Blickst du auf das, was gerade in der Welt geschieht und betrachtest alle Faktoren und nicht nur die der Medien, dann wirst du erkennen, das ich zumindest näher an der Wahrheit bin als eine einseitige Betrachtung. Nur einen Teil der Wahrheit zu propagieren und auf diesem Fundament Gesetze zu erlassen, ist nicht richtig. Angst ist nicht die Wahrheit, noch ist sie das, was uns zu einem besseren Leben verhilft. Jedoch wäre ich ohne die Angst niemals dazu gekommen dieses Buch zu schreiben. Tatsächlich hat mir die Angst geholfen es zu schreiben. Ich tat mein Bestes, mich nicht von meiner Angst nutzen zu lassen, sondern sie als Motivation zu sehen. Ich denke es hat funktioniert.

Der Glaube kann Berge versetzen, vergeßt das nie.

Amen.

Von dem der auszog den Mut zu finden

Kennst du die Geschichte von dem der auszog um das Fürchten zu lernen? Wußtest du, das der der auszog um das Fürchten zu lernen auch einen Bruder hatte? Sein Bruder war der der auszog um den Mut zu finden. Ich denke, mehr muß ich dir davon nicht erzählen. Mutig zu sein ist eine Sache. Angst zu haben ist auch eine Sache. Den ersten Schritt zu machen auf einer Reise, die ins Unbekannte verläuft, ist wiederum eine Sache. Weißt du, was alle Sachen gemeinsam haben? Nichts und alles. Vielleicht endet diese Geschichte hier. Vielleicht geht diese Geschichte hier erst los. Wer weiß schon, wie eine Geschichte verlaufen wird? Vielleicht hatte der der auszog um das Fürchten zu lernen ja auch eine Schwester? Vielleicht erzählt ihre Geschichte ja von der die auszog um den Mut zu finden? Ich weiß es und ich weiß es nicht. Was ich weiß ist, das ich die nächsten Seiten dir widmen möchte. Fülle diese Seiten mit deinem Leben und sorge selber dafür, das du etwas zu erzählen hast ...

In Liebe,

Christopher

p.s. bitte scheue dich nicht davor in dieses Buch zu schreiben! Dafür ist es gemacht.

Zeitfracht Medien GmbH
Ferdinand-Jühlke-Straße 7
99095 Erfurt, Deutschland
produktsicherheit@kolibri360.de